“2+1”人才培养工学一体化系列教材

电力机车运用与操纵

主　编　杨晓红　张　磊

副主编　宋澍涛　孙文峰　李　辰

主　审　魏　静　蒋晓茹

西南交通大学出版社

·成　都·

图书在版编目（CIP）数据

电力机车运用与操纵 / 杨晓红，张磊主编. -- 成都：西南交通大学出版社，2023.10
ISBN 978-7-5643-9044-0

Ⅰ. ①电… Ⅱ. ①杨… ②张… Ⅲ. ①电力机车－教材 Ⅳ. ①U264

中国版本图书馆 CIP 数据核字（2022）第 231342 号

Dianli Jiche Yunyong yu Caozong
电力机车运用与操纵

主　编／杨晓红　张　磊

责任编辑／何明飞
封面设计／吴　兵

西南交通大学出版社出版发行
（四川省成都市金牛区二环路北一段 111 号西南交通大学创新大厦 21 楼　610031）
营销部电话：028-87600564　　028-87600533
网址：http://www.xnjdcbs.com
印刷：四川森林印务有限责任公司

成品尺寸　185 mm × 260 mm
印张　8.5　　字数　195 千
版次　2023 年 10 月第 1 版　　印次　2023 年 10 月第 1 次

书号　ISBN 978-7-5643-9044-0
定价　28.00 元

课件咨询电话：028-81435775
图书如有印装质量问题　本社负责退换

总序

FOREWORD

为进一步适应国家职业教育改革，深化产教融合，更好地服务铁道行业发展升级对复合型技术技能人才的需求，新疆铁道职业技术学院与中国铁路乌鲁木齐局集团公司校企合作开展“2+1”人才培养。为提高人才培养质量，共同编写了“2+1”人才培养工学一体化系列教材，包括《铁路车站与区间信号设备检修与维护》《车站调车工作》《铁路轨道检修与维护》《接触网维护与检修》《电力机车运用与操纵》等5本教材。

“2+1”工学一体化系列教材的编写以习近平新时代中国特色社会主义思想为指导，以职业教育“三教”改革攻坚行动任务要求为重点，紧紧围绕铁路职业技能提升计划，以适应铁路新职员工岗位技能为目标，以提升培训质量和目标为主线，结合中国铁路乌鲁木齐局集团有限公司现场工装设备、岗位作业标准、技术规章制度，科学设置校企合作教学内容，精心编写“2+1”工学一体的工作手册式、活页式培训教材，并逐步配套制作数字化教学资源，力争打造立体式“2+1”培训教材。为进一步深化校企合作协同育人模式改革，为培养高素质的铁路技术技能型人才奠定基础。

“2+1”人才培养工学一体化系列教材的编写得到了中国铁路乌鲁木齐局集团有限公司职培部的大力支持，在此表示衷心的感谢！

编　者

2023年3月

前言

PREFACE

为认真贯彻落实国家职业教育改革精神，进一步推进校企合作“2+1”培训工作，新疆铁道职业技术学院与中国铁路乌鲁木齐局集团公司依据《国家职业标准》《铁路职工教育培训规定》《铁路特有工种技能培训规范》等标准和规章，结合铁路运输生产实际，本着符合规范、贴近生产、务实有效的原则，由新疆铁道职业技术学院牵头，组织编写了校企合作“2+1”前置培训系列教材。

本教材与合作院校铁路方向预签约学员第三学年的课程内容配套，涵盖了劳动安全、专业理论、作业标准、应急处置等模块分项。为便于教材的管理、维护和使用，本教材创新思路，以文本化、电子化、数字化和网络化形式开发和编制。

本教材以对职业岗位新员工入职和职业技能鉴定应具备的专业知识、技能及素质的要求为主要目标，兼顾入职后提升及拓展的知识延续，以岗位典型工作任务转化的学习任务为载体，编写工学一体的工作手册式、活页式教材。在内容的编排上改变了以知识能力点为体系的框架，以实践活动为主线、以任务项目为导向，提出设计思路和提供完成任务所需的信息资源，为让学生完成作品提供了必要技术支持和帮助。

本教材主要编写人员：杨晓红、张磊、宋澍涛、孙文峰、李辰、谢东升、李晶晶、魏琛、买买提、李扬、孙文锋、李宁、郑河森、杨锦阳。

由于编写时间紧迫，加之编写水平有限，教材内容难免有不妥和疏漏之处，恳请广大读者提出批评意见。

编　者

2022 年 5 月

二维码目录

LIST OF QR CODES

续表

序号	项目	二维码名称	资源类型	页码
15	项目 5 电力机车乘务员一次标准化乘务作业	出勤与接车	微视频	093
16		挂车	动画	099
17		发车准备与发车	微视频	101
18		驼峰调车作业	动画	110
19		单推单溜驼峰调车作业	动画	110
20		双推单溜驼峰调车作业	动画	110
21		双推双溜驼峰调车作业	动画	110
22		溜放调车法	动画	110
23		推送调车法	动画	110
24		终点站与退勤	微视频	111
25	项目 6 非正常行车	登顶作业	动画	119
26		电话闭塞	视频	123

目录
CONTENTS

项目 1　铁路机车安全生产

【项目导学】

根据《铁路交通事故应急救援和调查处理条例》（国务院令第 501 号）制定的《铁路交通事故调查处理规则》（铁道部令第 30 号），具有铁路行车事故、从业人员劳动安全事故、路外交通事故三规合一的特点，充分体现了以人为本的宗旨和“安全第一，预防为主”的工作方针。通过对本项目中电力机车乘务员安全生产、铁路交通事故的分类、事故的报告、事故起复救援等知识的系统学习，能进一步加强对相关规定的理解认识，并重点掌握：

（1）电力机车乘务员安全生产的规定。

（2）铁路交通事故的分类和构成条件。

（3）铁路交通事故的通报规定。

（4）铁路交通事故的救援和起复规定。

【本项目学习思维导图】

- 铁路机车安全生产
  - 一、电力机车乘务员安全生产
    - 1. 电力机车工作的安全规定
    - 2. 电力机车在段内工作的安全要求
    - 3. 电力机车在段外工作的安全要求
    - 4.机车防火与救火
  - 二、铁路行车事故的通报与救援
    - 1. 铁路行车事故等级
    - 2. 事故救援
    - 3. 事故的起复
  - 三、典型行车事故案例的分析

任务 1　电力机车乘务员安全生产

任务引入

机车乘务员是铁路主要行车工种之一，担负着保证铁路行车安全正点的重要责任，技术含量高，安全责任大，属于铁路运输生产的第一线、最前沿，是保证行车安全的最后一道防线，其技术业务素质的高低直接影响铁路的运输安全。因此，对于机车乘务员安全意识的培训，是职教系统深入思考和亟待解决的问题。

请思考：作为电力机车乘务员需要掌握哪些安全知识？

教学目标

1. 知识目标

根据机车乘务员岗位的要求，要求掌握电力机车在段内、段外工作的安全规定。

2. 技能目标

在段内和段外工作时，有强烈的安全意识，自发严格按照作业标准执行，保证行车安全。

3. 素质目标

认识铁路运输生产组织的重大意义，树立爱岗敬业、遵章守纪的思想，培养学生具备工作认真负责和安全第一的意识，具有高度责任感和良好的团队合作精神。

任务实施

一、电力机车工作的一般安全要求

（1）电力机车乘务员应熟知机车高压导线通过的地方和高压下工作的用电设备、测量仪表和其他器械。

（2）禁止在带电的情况下，接触导线和其他导电部分。

（3）凡是电力机车停在接触网下，未与调度取得联系和挂好接地线前，不论何种原因，绝对禁止登上机车车顶。

（4）机车受电弓升起时禁止进入高压室和变压器室及打开牵引电机整流子孔盖。

（5）当受电弓升起时，允许调整电压电位器、压力调节器及安全阀，可以检查制动缸活塞行程并进行调整，以及向机车齿轮箱、抱轴承、喷油器油箱、制动装置注油。

（6）在运行中，操作端的司机室门应关闭，但不得加锁。非操作操纵端的司机室门应锁闭，并禁止在司机室、走廊放置无关的物件。

（7）禁止乘务员持有、使用私有的反向手柄和司机台开关箱钥匙，在机车上应备有完整的主回路、辅助回路、控制回路线路图。

（8）机车乘务员应保持机车必备安全用品（如绝缘手套、绝缘棒、绝缘垫板、区间电话钥匙等）状态良好，并将其存放在固定地点。

（9）禁止从电力机车的车顶和转向架向下抛掷工具和其他物品。在机车的顶板、走板等的边缘上禁止放置工具和零件，以免坠落。

（10）当使用摇表测量机车电路、用电设备的绝缘时，禁止接触电器部件，除机械和制动部分的工作以外，其他各项工作均应停止。

二、电力机车在段内工作的安全要求

（1）电力机车在进出机务段或折返段时，必须在规定的地点，一度停车，鸣笛要道，待扳道员显示信号后方可动车。在段内动车时，须值班员同意，由调车员引导调车。

（2）机车进入段内停车时，应降下受电弓，断开主断路器，将两位置转换开关置于制动位。

（3）使用引入库机组拖动机车入库，禁止降弓滑行。

（4）机车入库检修中，辅助回路接入高压电源时，禁止在高压系统内工作。

（5）机车检修完毕，司机应全面检查机车并确认所有装置良好，鸣笛升弓信号后，方可升弓进行高低压试验。

（6）电力机车整备线及检查线上的接触网应设有分段隔离开关。当电力机车进行整备作业或检查时，司机应在隔离开关操作登记本上登记后，由值班员监督操作隔离开关加锁，钥匙交值班员保管，在司机挂好接地线后，方可登车顶进行检查或检修，并严禁再次向该线路放入机车。

（7）司机登顶整备完毕，确认车顶状态良好，并取得同时进行另一台机车工作的司机同意后，方可撤除接地线，在值班员的监督下闭合隔离开关，并加锁。

（8）司机升弓前，司机应告知有关人员，并确认各机械上孔盖已盖好，高压室、变压器室无人和其他物品，对检修过的设备复查并确认状态良好，人员都处于安全地点之后，鸣示音响信号一长声，方可升弓。

（9）机车入库检修当中，辅助回路接入高压电源时，禁止在高压系统内工作。

（10）在机车下部整修牵引电机整流子时，应遵守下列各项规定。

① 被整修机车由另一机车拖动时，走行速度应在 3 km/h 以下。

② 使用带有绝缘手柄的打磨工具。

③ 把整修电机的隔离开关拉开，并垫上反向器各触头。

（11）在机车下面更换闸瓦时，应关闭机车制动缸塞门（禁止同时关闭两台转向架的机车制动缸塞门）。

【知识链接】

折返段

机务段是一个完整的企业，包括党政工团、运用、检修、物资、劳资、财务等；而折返段只是机务段的一个车间，一般距机务段较远，本段的机车到了这里可以整备，担当折返段附近的运输任务等。

三、电力机车在段外工作的安全要求

（1）当机车在本段外停留在接触网下，须对牵引电机，电器进行检查或修理时，必须做好以下各项工作。

① 断开主断路器，降下受电弓。

② 取出司机台开关箱钥匙、反向手柄，并交给进行检查或检修的人员。

③ 进入高压室工作室时，高压室的门不得关闭。

（2）机车升弓前，司机告知副司机及登乘机车的有关人员，并确认各机械上孔盖已盖好，高压室、主变室无人和其他物品，对检查过的设备复查并确认状态良好，人员处于安全地点后，鸣笛一长声，方可升弓。

（3）为确保行车安全，只有经考试合格并取得司机驾驶证的司机才能独立驾驶机车，操纵副司机必须在司机的监督下进行练习操作。

（4）机车运行中，乘务组应做到：

① 认真贯彻执行十六字呼唤应答制度的规定：彻底瞭望、确认信号、高声呼唤、手比眼看。

② 认真贯彻执行，防止人身伤亡“三十字”令：人命重泰山、时刻把住关、瞭望不间断、鸣笛勤呼唤、撂闸不犹豫、停车要果断。

③ 防止列车颠覆、冲突、险性事故的发生。

四、机车防火与救火的安全要求

1. 防止机车火灾事故须知

（1）凡临时断开的电路导线端头均应进行绝缘包扎，并固定，以防止导线裸露与其他设备或车体接触。

（2）严禁在机车电路内使用不合格（或代用）的熔断器，对连续烧损熔断器的电路应查明故障原因并及时处理。

（3）定期检查，清扫蓄电池，清除蓄电池漏液，防止出现导线接连松动、绝缘破损接地等现象。

（4）机车运行中发生导线接地或电机“放炮”时，未判明情况并妥善处理时禁止加载。

（5）严禁在司机室电炉、电暖气、空气压缩机上烘烤棉丝或其他易燃物品。机车各种油脂、备品及棉丝等擦拭材料应按规定放置，妥善保管。

（6）禁止携带易燃、易爆物品上车。确因工作需要携带汽油、酒精等易燃物品上车作业时，要断开机车电源，预先要做好防护，及时熄灭火种。

（7）经常检查清扫电机、电器，紧固松动的电线，更换损坏的灭弧罩，及时消除接地、短路和虚接等故障，严禁擅自敷设电气设备及导线。

（8）熔焊作业不应与换油、补油和用有机溶剂清洗等工作同时进行。

（9）严禁在机械间、动力室、电器间吸烟（动车组上严禁吸烟）。

（10）行车中禁止机车两侧开门，防止带入外部火种。

（11）灭火器应放在固定位置，并保证其性能良好。机车乘务员应熟知灭火器的有关知识和使用方法。

2. 机车在发生火灾时，机车乘务员应做到

（1）断开主断路器，降下受电。

（2）将司机控制器的手柄放在零位。

（3）尽可能将机车停在安全和便于救火的地方。

（4）立即向有关部门报警。

（5）停在坡道上时，应使列车制动或拧紧手制动机，并打好止轮器。

（6）机车电气设备着火时，可使用二氧化碳、1211 灭火器或干砂灭火；若木制器械着火，确认与电器无关时，可用水或泡沫灭火器灭火。

（7）如果火灾威胁蓄电池组时，必须立即断开蓄电池开关，取下熔断器，并将蓄电池各连接线拆除，然后将蓄电池盖好。

（8）火灾扑灭后，应仔细检查机车设备损坏程度，如确认能够继续运行时，应将损坏的部位妥善处理好后方可维持运行。如无法处理，应及时请求救援。

【知识链接】

电机放炮

电机“放炮”

电机放炮说明燃油在发动机内没有完全燃烧，排放到高温的排气筒时爆燃就产生了很大的声音，即“放炮”。

电机放炮的原因有如下几种：

（1）混合气过稀，燃油在缸内燃烧不充分。

（2）点火系统出现问题，如点火能量不足或火花塞故障。

（3）点火提前角过大，如大 CKP 间隙不合适、CKP 松动、温度传感器损坏、发动机负荷大、ECU 损坏。

恶劣天气行车的规定

（1）遇天气恶劣，信号机显示距离不足 200 m 时，司机或车站值班员须立即报告列车调度员，列车调度员应及时发布调度命令，改按天气恶劣难以辨认信号的办法行车。列车按机车信号的显示运行。当接近地面信号机时，司机应确认地面信号，遇地面信号与机车信号显示不一致时，应立即采取减速或停车措施。当无法辨认出站（进路）信号机显示时，在列车具备发车条件后，司机凭车站值班员列车无线调度通信设备（其语音记录装置须状态良好）的发车通知起动列车，在确认出站（进路）信号机显示正确后,再行加速。天气转好时，应及时报告列车调度员发布调度命令，恢复正常行车。

（2）遇雾雪等天气受电弓或接触网被冰雪包裹，在站内停留如发现弓网产生打火放电现象时，站内起动列车，应控制牵引电流不得过大，避免受电弓与接触网间产生拉弧导致烧网。

（3）司机发现大雪掩埋线路危及行车安全时，立即停车并按“信息上报”报告。

（4）运行途中发现Ⅱ级沙害（积沙掩埋轨腰接近轨头下颚）时，以不大于 45 km/h 速度运行，并向车站值班员（应急值守人员）报告；通过Ⅱ级沙害地点后，应立即通过车站

值班员向列车调度员报告运行情况、沙害信息。运行途中发现Ⅲ级沙害（积沙掩埋钢轨轨面）时，应立即停车，并向车站值班员（应急值守人员）报告。接到Ⅲ级沙害通知时，应立即停车。已越过Ⅲ级沙害地点的列车，准许列车以不大于 45 km/h 的速度运行至前方站，运行途中加强瞭望。

（5）司机接到地震停车通知后，尽量避开高堤深堑、隧道、长大桥梁等处所，并报告车站值班员（列车调度员）停车位置，旅客列车需通知列车长、车辆乘务员（随车机械师）。担当地震检查列车由列车调度员根据工务需求安排，限速 45 km/h 运行。检查列车返回经过已检查区段时限速 60 km/h。司机发现运行前方设备异常时，立即停车，并报告车站值班员（列车调度员），车站值班员（列车调度员）安排工务登乘检查，确认是否具备放行条件，满足放行条件时，司机按工务提报的行车限制条件运行至前方站；发现危及行车安全时，待处置完毕后，方可继续运行。

（6）遇天气不良、机车牵引力不足等原因，列车在困难区段可能发生坡停或严重运缓时，司机应提前使用列车无线调度通信设备通知两端站或列车调度员。

任务2　铁路行车事故的通报与救援

任务引入

铁路机车车辆在运行过程中发生冲突、脱轨、火灾、爆炸等影响铁路正常行车的事故，应采取积极措施，迅速抢救，尽量减少损失，事故调查处理应坚持以事实为依据，以法律、法规、规章为准绳，认真调查分析，查明原因，认定损失，定性定责，追究责任，总结教训，提出整改措施。

?

请思考：为了在发生事故时，能够及时、准确地处理事故，作为电力机车乘务员需要掌握哪些铁路行车事故方面的知识呢?

教学目标

1. 知识目标

能够正确地判断事故的等级，并及时、准确完成事故处理报告。

2. 技能目标

事故发生后能准确进行事故处理。

3. 素质目标

树立爱岗敬业、相互协作、遵章守纪的思想，培养安全第一、认真严肃的工作作风。

任务实施

一、铁路交通事故等级

事故的定义及分类

（一）认识事故等级

铁路机车车辆在运行过程中与行人、机动车、非机动车、牲畜及其他障碍物相撞的事故均为铁路交通事故。按照事故的性质损失其对行车造成的影响，事故分为特别重大事故、重大事故、较大事故和一般事故四个等级。

（二）确认事故等级

1. 特别重大事故的构成条件

有下列情形之一的，为特别重大事故：① 造成30人以上死亡。② 造成100人以上重伤。③ 1亿元以上直接经济损失。④ 繁忙干线客运列车脱轨18辆以上，并中断铁路行车48h以上。⑤ 繁忙干线货运列车脱轨60辆以上，并中断铁路行车48 h以上。

2. 特别重大事故的构成条件

有下列情形之一的，为重大事故：① 造成10人以上30人以下死亡。② 造成50人以上100人以下重伤。③ 造成5 000万元以上1亿元以下直接经济损失。④ 客运列车脱轨 18 辆以上。⑤ 货运列车脱轨 60 辆以上。⑥ 我客运列车脱轨两辆以上 18 辆以下，并中断繁忙干线铁路行车 24 h 以上，或者中断其他线路铁路行车 48 h 以上。⑦ 货运列车脱轨 6 辆以上 60 辆以下。并中断繁忙干线铁路行车 24 h 以上，或者中断其他线路铁路行车 48 h 以上。

3. 较大事故的构成条件

有下列情形之一的，为较大事故：① 造成 3 人以上 10 人以下死亡。② 造成 10 人以上，50 人以下重伤。③ 造成 1 000 万元以上，5 000 万元以下直接经济损失。④ 客运列车脱轨两辆以上，18 辆以下。⑤ 货运列车脱轨 6 辆以上 60 辆以下。⑥ 中断繁忙干线铁路行车 6 h 以上。⑦ 中断其他线路铁路行车 10 h 以上。

4. 一般事故的分类及构成条件

一般事故分为一般 A 类事故、一般 B 类事故、一般 C 类事故、一般 D 类事故。

1）一般 A 类事故

有下列情形之一，未构成较大以上事故的，为一般 A 类事故。

A1. 造成 2 人死亡。

A2. 造成 5 人以上 10 人以下重伤。

A3. 造成 500 万元以上 1 000 万元以下直接经济损失。

A4. 列车及调车作业中发生冲突、脱轨、火灾、爆炸、相撞，造成下列后果之一的：

A4.1 繁忙干线双线之一线或单线行车中断 3 h 以上 6 h 以下，双线行车中断 2 h 以上 6 h 以下。

A4.2.其他线路双线之一线或单线行车中断 6 h 以上 10 h 以下，双线行车中断 3 h 以上 10 h 以下。

A4.3 客运列车耽误本列 4 h 以上。

A4.4 客运列车脱轨 1 辆。

A4.5 客运列车中途摘车 2 辆以上。

A4.6 客车报废 1 辆或大破 2 辆以上。

A4.7 机车大破 1 台以上。

A4.8 动车组中破 1 辆以上。

A4.9 货运列车脱轨 4 辆以上 6 辆以下。

2）一般 B 类事故

有下列情形之一，未构成一般 A 类以上事故的，为一般 B 类事故。

B1. 造成 1 人死亡。

B2. 造成 5 人以下重伤。

B3. 造成 100 万元以上 500 万元以下直接经济损失。

B4. 列车及调车作业中发生冲突、脱轨、火灾、爆炸、相撞，造成下列后果之一的：

B4.1 繁忙干线行车中断 1 h 以上。

B4.2 其他线路行车中断 2 h 以上。

B4.3 客运列车耽误本列 1 h 以上。

B4.4 客运列车中途摘车 1 辆。

B4.5 客车大破 1 辆。

3）一般 C 类事故

有下列情形之一，未构成一般 B 类事故的，为一般 C 类事故。

C1. 列车冲突。

C2. 货物列车脱轨。

C3. 列车火灾。

C4. 列车爆炸。

C5. 列车相撞。

C6. 向占用区间发出列车。

C7. 向占用线接入列车。

C8. 未准备好进路接、发列车。

C9. 未办或错办闭塞发出列车。

C10. 列车冒进信号或越过警冲标。

C11. 机车车辆溜入区间或站内。

C12. 列车中机车车辆断轴，车轮崩裂，制动梁、下拉杆、交叉杆等部件脱落。

C13. 列车运行中碰撞轻型车辆、小车、施工机械、机具、防护栅栏等设备设施或路料、坍体、落石。

C14. 接触网接触线断线、倒杆或塌网。

C15. 关闭折角塞门发出列车或运行中关闭折角塞门。

C16. 列车运行中刮坏行车设备设施。

C17. 列车运行中设备设施、装载货物（包括行包、邮件）、装载加固材料（或装置）超限（含按超限货物办理超过电报批准尺寸的）或坠落。

C18. 装载超限货物的车辆按装载普通货物的车辆编入列车。

C19. 电力机车、动车组带电进入停电区。

C20. 错误向停电区段的接触网供电。

C21. 电化区段攀爬车顶耽误列车。

C22. 客运列车分离。

C23. 发生冲突、脱轨的机车车辆未按规定检查鉴定编入列车。

C24. 无调度命令施工，超范围施工，超范围维修作业。

C25. 漏发、错发、漏传、错传调度命令导致列车超速运行。

4）一般 D 类事故

有下列情形之一，未构成一般 C 类以上事故的，为一般 D 类事故。

D1. 调车冲突。

D2. 调车脱轨。

D3. 挤道岔。

D4. 调车相撞。

D5. 错办或未及时办理信号致使列车停车。

D6. 错办行车凭证发车或耽误列车。

D7. 调车作业碰轧脱轨器、防护信号，或未撤防护信号动车。

D8. 货运列车分离。

D9. 施工、检修、清扫设备耽误列车。

D10. 作业人员违反劳动纪律、作业纪律耽误列车。

D11. 滥用紧急制动阀耽误列车。

D12. 擅自发车、开车、停车、错办通过或在区间乘降所错误通过。

D13. 列车拉铁鞋开车。

D14. 漏发、错发、漏传、错传调度命令耽误列车。

D15. 错误操纵、使用行车设备耽误列车。

D16. 使用轻型车辆、小车及施工机械耽误列车。

D17. 应安装列尾装置而未安装发出列车。

D18. 行包、邮件装卸作业耽误列车。

D19. 电力机车、动车组错误进入无接触网线路。

D20. 列车上工作人员往外抛掷物体造成人员伤害或设备损坏。

D21. 行车设备故障耽误本列客运列车 1 h 以上,或耽误本列货运列车 2 h 以上;固定设备故障延时影响正常行车 2 h 以上（仅指正线）。

安全风险点

（1）工作中副司机（含学习、看道、练习人员）不服从司机指挥。

（2）未按规定执行呼唤应答、车机联控、调车联控、道机联控、守机联控。

（3）电气化区段违反规定的人身安全禁止行为。

（4）机车停车状态违反规定的人身安全禁止行为。

（5）未按规定监护指导学员的人员安全和作业安全。

二、铁路行车事故的通报与救援

事故报告

（一）熟知铁路行车事故通报的程序

（1）事故发生后，事故现场的铁路运输企业工作人员或者其他人员应当立即向邻近铁路车站、列车调度员、公安机关或者相关单位负责人报告。有关单位和人员接到报告后，应立即将事故情况向企业负责人和事故发生地安全监管办安全监察值班人员报告，安全监管办安全监察值班人员按规定向安全监管办负责人报告。

（2）铁路运输企业列车调度员要认真填写《铁路交通事故（设备故障）概况表》（安监报 1），分别向事故发生地安全监管办安全监察值班人员、中国国家铁路集团有限公司（以下简称国铁集团）列车调度员报告。

事故发生地安全监管办安全监察值班人员接到“安监报 1”或现场事故报告后，要立即填写《铁路交通事故基本情况表》（安监报 3），并向国家铁路局相关地区铁路监督管理局值人员报告。报告后要进一步了解事故情况，及时补报“安监报 3”。

（3）涉及其他安全监管办辖区的事故，发生地安全监管办安全监察值班人员应及时将“安监报 3”传送至相关安全监管办的安全监察部门。

（4）国铁集团列车调度员接到事故报告后，应及时收取或填写“安监报 1”，并立即向值班处长和铁路监督管理局值班人员报告；值班处长、铁路监督管理局值班人员按规定分别向本部门负责人、国家铁路局安全监察司报告，由部门负责人向部领导报告。事故涉及其他部门时，由安全监察司通知相关部门负责人。

（5）发生特别重大事故、重大事故，由国家铁路局负责向国务院办公厅报告，并通报国家安全监督管理总局等有关部门。

（二）铁路交通事故的救援

铁路运输畅通是铁路运输的关键，一旦发生重要运输中断必须积极地处理，迅速恢复通车，把运输中断时间减小到最低程度。为此铁路运输组织中设置了事故救援列车，救援列车配备一定的人员、机具、器材，经常保持完好状态，随时准备出动。

1. 事故救援列车基本任务

（1）按照调度命令，争分夺秒抢救事故，开通线路，迅速恢复行车，以及完成调度给予的其他作业任务。

（2）负责管辖区内救援队（班），机车乘务员以及车站、列检等有关人员的起复救援基本技术的训练，并负责救援队的工具、备品的配备及检修工作。

（3）经常不断地改革救援工具，研究改进救援方法，并做好救援列车设备的维修工作。

2. 事故的组织处理

（1）事故发生后，列车司机或车辆乘务员等现场铁路工作人员应当立即采取停车措施，并按规定对列车进行安全防护。遇有人员伤亡时，应当向邻近车站或者列车调度员请求施救，并将伤亡人员移出线路、做好标记，有能力的应当对伤员进行紧急施救。

（2）客运列车发生事故造成车内人员伤亡或者危及人员安全时，列车长应当立即组织车上人员进行紧急施救，稳定人员情绪，维护现场秩序，并向邻近车站或者列车调度员请求施救。

（3）救援队接到事故救援通知后，救援队长应当召集救援队员以最快速度赶赴事故现场。到达事故现场后，应当立即组织紧急抢救伤员，利用既有设备起复脱统的机车车辆，清除障碍，搭设必要的设备设施，为进一步实施救援创造条件。

3. 起复作业安全注意事项

（1）起复工作应由一人统一指挥，不得乱指挥和乱显示信号。

（2）利用钢丝绳拉车时，必须缓慢用力，严禁猛拉，以防钢丝崩断伤人。

（3）拉车时工作人员必须离开事故车辆周围，以防钢丝绳崩断和车轮压滑物体飞出伤人。

（4）事故车辆前后必须设立防护，并指定专人负责看管。

（5）利用顶销起复车辆一端时，另一端车轮必须加止轮器，起落横动时必须由一人指挥。

4. 起复作业的组织准备工作

（1）先了解事故情况，确定起复计划，提出时间要求，明确分工，由车长、司机、教量队（班）长或具有起复经验的人员统一指挥。

（2）起复车辆时，如是重车则需要卸空（空车便于起复）。

（3）根据事故车的脱轨方向和距离基本轨的远近放置复轨器。

（4）起复方法多数是按照原来的脱轨方向放置复轨器，或将脱轨车拉近基本轨以后，再安放复轨器进行起复。

5. 起复作业注意事项

（1）无论机车还是车辆发生脱轨后，大多数车辆都有不同程度的倾斜度，这在工作时应特别注意，在起复前应先查看车轮的斜度，看哪边离基本轨近，再确定起复拉车的方向。

（2）无论机车还是车辆发生脱轨后，一般的规律枕木都要压道槽，因此顺槽往回拉是正常的。

（3）无论使用什么类型的复轨器，在拉前应在复轨器上加油，以便车轮易滑上道。自事故车轮至复轨器之间应铺垫石砟将枕木盖严，以减少阻力，保护枕木，防止车轮前进变向。

（4）利用复轨器起复机车车辆，在牵引时，工作人员应离事故车稍远的地方，切勿站在复轨器旁，以防由于事故车翻倒和石砟等物被挤压迸出伤及身体。

（5）拉事故车时，机车牵引速度应缓慢，防止车轮越过复轨器，不上基本轨。

（6）事故车辆起复作业前，在有列检人员的车站，应通知列检人员参加起复工作和起后的车辆检查工作。在无列检人员的车站，事故车辆起复后，必须通知附近列检人员对事故车辆进行检查，检查后方准投入运用。

【知识链接】

铁路事故相关概念解释

（1）机车车辆：指铁路机车、客车、货车、动车组及各类自轮运转特种设备等。自轮运转特种设备：指在铁路营业线上运行的铁路轨道车、救援起重机及铁路施工维修专用车辆（包括架桥机、铺轨机、接触网作业车、大型养路机械等）。

（2）列车：指编成的车列并挂有机车及规定的列车标志。单机、自轮运转特种设备，虽未完全具备列车条件，也应按列车办理。

客运列车：指旅客列车（含动车组）、按客车办理的回送空客车车底及其他列车。

货运列车：指客运列车以外的其他的列车。军用列车除有特殊通知外，均视为货运列车。

列车与其他调车作业的机车车辆等互相冲撞而发生的事故，定列车事故。列车在站内以调车方式进行摘挂或转线而发生事故，定调车事故。

客运列车或客运列车摘下本务机车后的车列，被货运列车、机车车辆冲撞造成的事故，以及客运列车在中途站进行摘挂（包括摘挂本务机车）或转线作业发生的事故，均定客运列车事故。

区间调车作业、机车车辆溜入区间，发生冲突、脱轨事故时，定列车事故。在封锁区间内调车作业发生事故，定调车事故。

（3）运行过程中：指铁路机车车辆运行的全过程，也包括在其运行中的停车状态。

（4）行人：指在铁路线路上行走、停留的自然人（包括有关铁路作业人员）。

（5）其他障碍物：指侵入铁路限界及线路，并影响铁路行车的动态及静态物体。

三、典型行车事故案例分析

铁路作业人员
铁路交通事故案例

兰新线“7·23”NB57 次旅客列车冲突重大事故

（一）事故概况

2007 年 7 月 23 日 23 时 21 分，兰州西机务段韶山 7E 型 047 号机车牵引 N857 次旅客列车（编组 18 辆，总重 991 t，换长 42.9 m）运行至兰新线大青阳口—马莲井间下行线 K424+810 处（运行方向 2.4%），与前行溜逸的由嘉峪关机务段韶山 3 型 553 号机车牵引 85209 次货物列车（编组 55 辆，总重 1 235 t，换长 60.5 m）正面冲突。造成 N857 次机车脱轨一台、客车中途摘车 2 辆，货车车辆颠覆 7 辆、脱轨 2 辆，人员轻伤 4 人。经救援起复，于 24 日 10 时 39 分开通上行线，中断上行线行车 11 小时 18 分钟；25 日 8 时 52 分开通下行线，中断下行线行车 33 小时 31 分钟。

24 日 18 时 2 分，嘉峪关机务段张掖救援列车 N1625-4014 号铁路起重机在兰新线大青阳口—马莲井间下行线 K424+850 处，准备对脱轨的 N857 次列车进行移位作业，起重机在空载状态下吊臂回转时，起重机整体重心失衡，车体向后部突然发生倾翻，带动吊臂倒向线路北侧，吊臂与起重机分离摔出后，将北侧的高压线砸断的瞬间，又将正在路基北侧下方休息的兰州西电务段 3 名职工当场砸死，6 人受轻伤。再次中断上行线行车，至 26 日 0 时 25 分上行线开通，造成直接经济损失 357.9 万元。构成旅客列车冲突重大事故。

（二）事故原因

85209 次机车乘务员出乘前未充分休息，值乘中未执行基本作业标准，列车运行中睡觉，违法、违章、违纪，致使列车处于失控状态，区间停车后向后溜逸，与后续的 N857 次客运列车冲突。

在事故救援中，嘉峪关机务段救援列车主任严重违反铁路起重机操作规程中“挂活动配重前，必须先打好支腿”的规定，违章指挥司索工作业，在未打支腿的情况下挂上 321 的活动配重，并指示二班工长指挥起重机吊臂由西经南向东回转 180°，严重违反“不使用支腿，有活动配重作业时严禁吊臂出 ± 10° 区”的规定。起重机指挥人接收错误命令，继而违章指挥起重机司机操纵起重机进行 180° 的回转。起重机司机执行错误指令，违章操纵起重机将吊臂进行由西经南向东回转 180° 作业，致使起重机转台在旋转过程中整体重心失衡，起重机向北侧翻带动吊臂向北倾倒甩出，是造成事故损失进一步扩大的主要原因。

（三）事故教训

（1）因机车乘务员当班睡觉，造成旅客列车冲突行车重大事故。对于防止机车乘务员睡觉问题，机务部门只是对加强待乘室管理制定了措施，而对不在待乘室休息的乘务员如何管理，却无管理举措。机车乘务人员待乘休息不够，值乘中呼唤应答等基本制度、标准不落实，习惯性违章、简化作业程序等问题屡禁不止。

（2）2005 年 9 月，张掖救援队 6 人到武威南救援队学习，学后于 2005 年 10 月将 N1602-4014 号救援车接回张掖。接回后，救援列车主任不认真组织救援人员认真学习操作说明，起重机空载加活动配重回转演练时均不按规定打支腿。业务处、机务段专业人员多次参加日常救援演练和检查，均未发现这一错误做法，导致操作人员错误地把侥幸没有发生问题的违章作业当成作业标准，埋下了事故隐患。

【课后作业】

1. 机车乘务员在电力机车上工作的一般安全规定有哪些?
2. 电力机车乘务员在本段、折返段外工作时的安全规定有哪些?
3. 电力机车防火与救火应做到哪些要求?
4. 铁路交通事故分为哪几种类型? 内容是什么?
5. 特别重大事故的构成条件有哪些?
6. 说明事故救援列车的性质和基本任务。

项目 2　电力机车整备作业

【项目导学】

电力机车经过一段时间的运用后，随着时间的推移和各种因素的影响，机车的电气设备和走行部会有一定程度的磨损，甚至损坏，同时机车运动部件的润滑油脂也将减少或变质。这些异常状态存在会影响机车的寿命，并危及行车安全。因此，对运用机车定期进行检查、给油，及早发现不良处所，及时处理，是提高机车质量、保证和运输安全的重要保障之一。

本项目通过对电力机车静止检查顺序、乘务员自检自修范围和机车主要部件的维护保养等知识的系统学习，能进一步加强学生对相关规定的理解、认识。

【本项目学习思维导图】

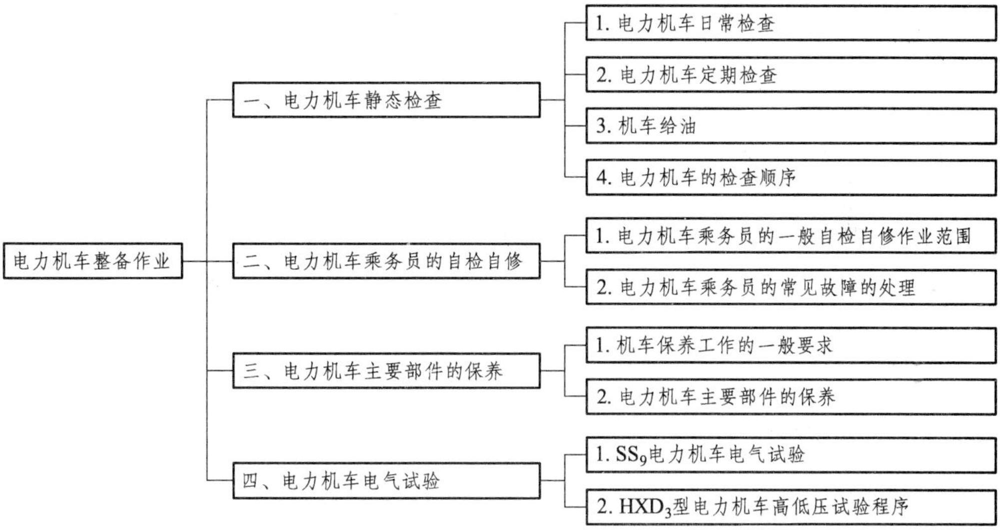

任务引入

【事故案例】2001 年 7 月 23 日 14 时 45 分，T91 次旅客列车（沈阳北—广州东）运行至京广线信阳站进 5 道停车时，在 K978+778 处，机后 17 位车辆后部与信阳机务段库 2 线整备出段的单机（韶山 3 型 0521 号，制动失灵）发生侧面冲突，导致机后 18 位（YZ25K45570）、19 位（XL25K5565）车辆脱轨，T91 次摘车 2 辆后，于 16 时 45 分由信阳站开出。客车中破 2 辆；延误 T91 次本列 2 h；直接经济损失约 385 万元。构成旅客列车冲突重大事故。

请思考：造成事故的原因有哪些？总结事故教训。

任务 1　电力机车静态检查

任务引入

一般电力机车检查的形式按时间可分为日常检查和定期检查；按检查形式又分为静止检查和动态检查。

日常检查是指机车每完成一个交路或一次循环后入段进行整备作业中的检查或在中间站换班、外段（折返段）整备由乘务员或检查司机进行的检查；定期检查是指机车每运用一段时间或完成一定的走行里程后对机车进行较大范围的检查。

静止检查是指机车在无动力电源时对机车进行的检查；动态检查是指机车在牵引列车的运行中对机车的巡视检查，或停车后立即对有关发热部件的检测。

教学目标

1. 知识目标

（1）了解机车的定期检查相关内容。

（2）掌握 HXD$_3$ 型电力机车换班站检查项目。

（3）掌握 SS$_4$G 型电力机车、HXD$_3$ 型电力机车检查顺序。

2. 技能目标

针对不同部件，会运用相关的工具进行检查。

3. 素质目标

培养学生的责任感、吃苦耐劳以及良好的团队合作精神。

任务实施

一、电力机车的日常检查

（一）交接班检查

（1）交班检查在机车到达本次交路终点站并入段后，到达的乘务员、机车保养人员要按照分工，抓紧时间先仔细检查各摩擦、转动部分及各电机的温度，并做好整台机车的检查、修理、试验、给油、清扫工作，然后将发现的问题和处理的情况详细填写到交接班记录中，为接班乘务员打好基础。

（2）接班检查要简单明了，重点突出，作业时间不宜过长，以免造成出乘前疲劳。为此，接班与交班检查要明确分工，接班者应特别注意与行车安全直接有关的部件检查，确认机车的整备状态，并详细了解机车在上一班的运行情况，认真阅读交接班记录。

HXD$_3$ 型电力机车换班站检查项目见表 2-1。

表 2-1　HXD_3型电力机车换班站检查项目

职名	部位	检查内容
本务司机	上部	目测受电弓状态；控制电器柜、空气制动柜、各辅助机组、空气压缩机工作状态及各保护电器开关位置；行车安全装备
学习司机（非操纵司机）	下部	轴箱温度、轮缘润滑装置、轴箱弹簧、制动盘可见部分、砂箱、轴箱拉杆、牵引杆吊索处在松缓状态，车钩及列车管的联结、折角塞门状态

（二）运行途中检查

（1）学习司机负责机车走廊巡视检查，其检查的时机由各段在操纵示意图中规定。一般要在始发站出站后和每次通过分相绝缘器后，以及机车有异常状态时进行巡视检查。走廊巡视检查时，应在出站后开始，于到达前方站前返回，保证二人确认进站信号。去走廊巡视检查时，要先与司机取得联系，尽量保持各控制手柄位置稳定。在检查中发现有不良情况时，要立即向司机报告，二人密切配合，尽可能地维持运行，对能处理的问题要及时果断处理，防止事态扩大。

（2）中间站停车时，乘务员应下车检查走行部件：确认车钩及风管（重联时包括重联线）的连接状态；轮箍有无过热、弛缓，轮踏面有无擦伤、剥离，轮缘润滑是否良好；轴箱温度是否正常，有无漏油现象，弹簧装置是否良好；闸瓦及基础制动装置有无不良现象；各管路系统及主变压器外壳是否有漏油；速度表传动装置等是否良好。

二、电力机车定期检查

机车在中修或小辅修前，整备车间要按规定范围进行检查，按机车部件分类顺序填写“机统-28”预报本，并在小辅修开工前 24～72 h 将“机统-28”送交检修车间。“机统-28”能反映机车在两次修程间的运用质量及检修工作后的检修质量，确保检修车间能及时掌握机车技术状态，做到合理地安排机车修程。机车入库后，乘务员或指定人员要按规定时间参加复检，发现不良处所时，应一次提出检修活票；检修中，乘务员或指定人员要按时参加检修汇报会，听取对机车保养的评定和意见，同时提出对修理工作的要求。日勤组人员在机车交车前，应将该台机车在复检中和检修中发现的超修活及时填写到“机统-28”上。机车交车时，由检修部门及时将“机统-28”退还整备车间保管。

三、机车给油

（1）机车给油要及时、不错不漏地进行，做到部位准确、油量适当，既能满足润滑要求，又能节约油料，平时要保持给油器具、给油处所及油料的清洁，机车上应备有一定数量的常用润滑油脂，不同种类的油脂不得混用。

（2）机车给油分日常、定期两种，日常给油在交接班时进行，定期给油在状态修时进行，根据轮乘制和包乘制的不同特点，以及不同机型和运用条件等情况，由电力机务段制定机车各部位给油周期和补油量，明确机车乘务员和机车保养人员的分工，加强责任制。

（3）乘务员应经常对机车各给油装置进行检查，保证不低于规定的油位，补油时应与规定的油脂标号相同，严禁随意代用。

四、电力机车的检查顺序

电力机车静止检查时要遵守自上而下、从内到外、由左向右的检查顺序，这是对乘务员基本功的要求。实行轮乘制的机务段，机车检查工作完全由地勤检查人员和辅修检查人员按分工进行检查，从而形成检查专业化。专业检查的特点是质量高、速度快、不易发生漏检，便于积累检查经验，能及时发现机车薄弱环节和惯性故障，掌握机车质量动态，从而不断提高机车检查水平。

（一）SS$_4$G 型电力机车静止检查顺序

SS$_4$G 型电力机车静止检查——车顶检查

1. 车顶检查

如图 2-1 所示，机车车顶检查顺序为制动电阻通风百叶窗→互感器、避雷器导电杆→前节受电弓→前节风笛和前照灯→制动电阻通风百叶窗→主断路器→导电杆→后节全车顶部检查（与前节车相同）→返回前节车顶门下。

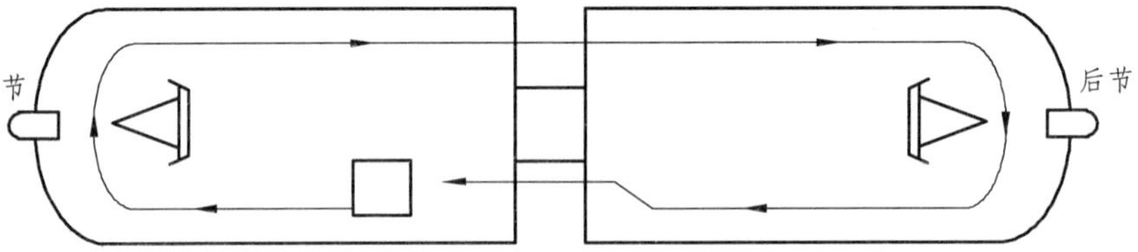

图 2-1　机车车顶检查顺序示意图

2. 司机全面检查

如图 2-2 所示，机车司机全面检查顺序为后节车体端部→机车走行部右侧→前节车体端部→机车走行部左侧→后节车底部及转向架（地沟）→前节车底部及转向架（地沟）→左侧门上前节司机室→前节左侧各电器室→后节左侧各电器室→后节司机室→后节右侧各电器室→前节右侧各电器室→前节司机室→前节右侧门下。

SS$_4$G 型电力机车静止检查——机车下部检

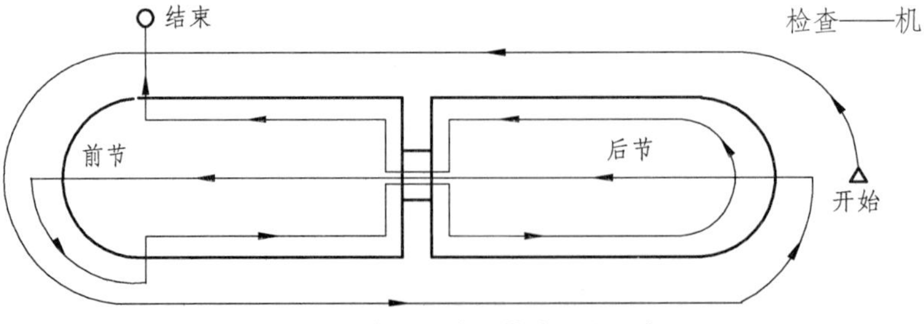

图 2-2　机车司机全面检查顺序示意图

3. 机车下部检查

如图 2-3 所示，机车下部检查顺序为后节车体端部→机车车体及走行部右侧→前节车体端部→机车车体及走行部左侧→后节车底部及转向架（地沟）→前节车底部及转向架（地沟）。

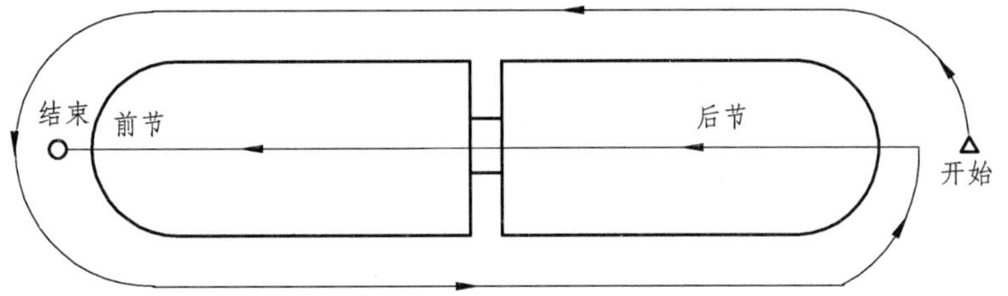

图 2-3　机车下部检查顺序示意图

（二）HXD_3 型机车检查顺序

如图 2-4 所示，HXD_3 型机车检查顺序为△—始点；○—终点；——检查走行线；---空走走行线；-·-·-·地沟走行线。

机车 II 端部△→右侧走行部→机车前部→左侧走行部→车底部→司机室→机械间走廊两侧→司机室→制动机试验→高压低试验。

HXD_3 型机车全面检查

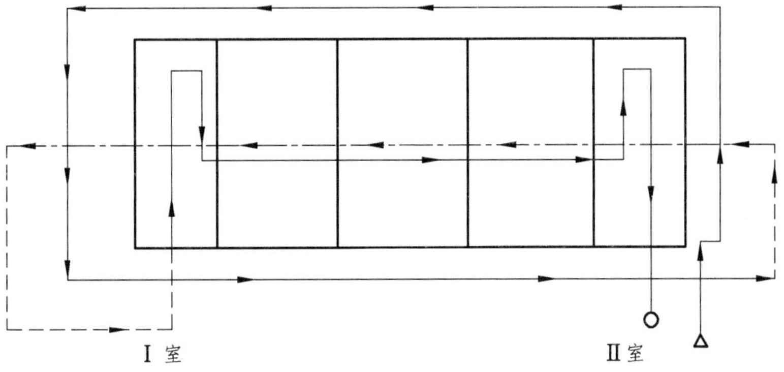

图 2-4　HXD_3 型机车全面检查路线

任务 2　电力机车乘务员的自检自修

任务引入

电力机车乘务员在机车运用中，除要熟悉机车各部件的作用原理及结构外，还应具有一定的自检自修能力，以便在运用过程中，及时、正确地判断、处理好各种随机发生的故障，维持机车的正常运行。因此，机车乘务员应刻苦钻研技术，熟练掌握，不断提高自检自修能力和故障判断及应急处理水平。

对整备作业中的乘务员自检自修范围，应按照从简、易行的原则制定，各铁路局可根据机型及运情况做出具体的规定。

教学目标

1.知识目标

（1）掌握机车闸瓦更换及闸瓦间隙调整的方法。

（2）掌握撒砂器检查清扫及撒砂器调整的方法。

2.技能目标

（1）会更换机车闸瓦，调整闸瓦间隙。

（2）撒砂器出现故障，会进行排除。

3.素质目标

培养学生爱护设备、工具及备品，互帮互助的团队协作精神。

任务实施

一、电力机车乘务员的一般自检自修作业范围

（一）更换机车闸瓦，调整闸瓦间隙

1. 工具及材料

小撬棍、小活动扳手、新闸瓦。

2. 工作程序及注意事项

（1）机车缓解后，关闭需更换闸瓦的转向架闸缸塞门，重新施行机车制动，制动阀手柄和主手柄处挂好禁动牌。

（2）推或拉箱体上脱钩杆，逆时针旋转手轮，使闸瓦与车轮踏面间隙最大（需减小闸瓦间隙时，不必推或拉脱钩杆，顺时针旋转手轮即可）。

（3）取下闸瓦钎挡销、闸瓦钎、闸瓦，换上新闸瓦，装好闸瓦钎及挡销，顺时针旋动手轮，调整闸瓦间隙为 4～8 mm。

（4）如上下闸瓦端部间隙不均匀时，通过调整闸瓦托上的调整螺栓，实现闸瓦与车轮踏面间隙均匀。

（5）开放制动缸塞门，取下禁动牌。

（6）注意检查是否穿好闸瓦穿销，检查新闸瓦制动、缓解状态是否正常。

（二）拆装车钩钩舌及钩舌销

1. 工具及材料

克丝钳、300 mm 小撬棍、手锤、钢板尺、丁字尺、新钩舌及钩舌销。

2. 工作程序及注意事项

（1）机车停于安全的地面上，前后挂上禁动牌。

（2）拆卸不良钩舌：将车钩置于锁闭位，用克丝钳将钩舌销下方开口销合并，然后用小撬棍及手锤将其打出，手提车钩提杆，让车钩置于开放位，抽出钩舌销，双手抱住钩舌，贴身抱稳放在地上。

（3）装新钩舌：双手将新钩舌放在钩头上，左手托住钩舌，右手提起下作用销使它及钩锁铁上移，左手随即将钩舌推至闭锁位。

（4）穿入新的钩舌销，将开口销装上并用克丝钳将其开度扳为 60°。

（5）检查车钩开锁、闭锁状态，动作是否灵活可靠，用钢板尺测量车钩开度，开启位 220 ~ 250 mm，关闭位 110 ~ 130 mm，用丁字尺测量车钩中心线距轨面高度 815 ~ 890 mm。

（三）更换不良制动软管

1. 工具及材料

55 mm 开口扳手或管钳、同型号制动软管、胶带。

2. 工作程序及注意事项

（1）拆旧软管：确认折角塞门关闭后，打开防尘堵，用 55 mm 扳手或管钳卸下制动软管，检查折角塞门接口螺纹是否良好。

（2）装新软管：确认新管水压试验日期及螺纹符合要求后，在螺纹上绕上胶带，将新管拧上，斜度为 45°，接口应向内垂直，装好防尘堵，开放折角塞门，试验有无漏泄。

（3）安装制动软管时，不得紧过头再回拧；不要用力过猛，防止拧崩；以不松、不漏、角度符合要求为宜。

（四）紧固或更换一般螺母、螺栓

1. 工具及材料

手锤、固定开口扳手（根据实际规格选用）、螺丝刀、活扳手、新螺栓。

2. 工作程序及注意事项

（1）工作前，对所需紧固或拆卸的螺栓、螺母擦拭干净。紧固 24 mm 以下螺母，禁止加套管。

（2）扳手开口应与所紧固螺母尺寸相符。

（3）紧固或拆卸时不可用力过猛，防止打滑和损坏部件。

（4）紧固双螺母时，先将基本螺母紧固，再紧固防缓螺母，以防损坏螺纹。松开时与上述过程相反。

（5）双螺母紧固时，两螺母对方应错开。

（6）拆卸锈死的螺母，先涂防锈油（或柴油），稍停后再拧，若仍拧不动，可用手锤轻轻敲击后再拧动。

（五）清扫撒砂通路及调整机车撒砂量

1. 工具及材料

扳手、管钳、铁丝、手锤。

2. 工作程序及注意事项

（1）清扫风路：司机协助踩撒砂器，如风量小，应调整风量；如无风，则卸下风路清扫堵，用铁丝疏通，使风路畅通。

（2）清扫砂管：先用手锤轻轻敲击砂管，然后用粗铁丝由喷嘴将砂管内部疏通，再轻轻敲击砂管，这样反复几次即可将堵塞的冰块、冻泥等杂物排出。

（3）清扫撒砂器：可先将大螺塞卸下，用粗铁丝分别疏通撒砂器进砂及出砂口，再将小螺塞卸下，用细铁丝疏通吹砂的通路，清扫后将大小螺塞分别装好。

（4）清扫砂箱：如较大的石块堵塞或砂子过分潮湿结块，则应用扳手将放砂堵卸掉，待砂子漏完后，装好排砂堵，重新装入质量良好的砂子。

（5）机车撒砂量的调整是靠改变调整螺栓的位置，即改变进风量大小来实现的。调整时，可用扳手先将调整螺栓的防缓螺母拧松，再拧动调整螺栓，拧到进风量适当的位置后，将防缓螺母拧紧。撒砂量调整到 2 ~ 3 kg/min 为宜。

（六）更换熔断器及电炉丝

1. 工具及材料

螺丝刀、克丝钳、绝缘手套、同牌号熔断器、标定电压及功率相同的电炉丝。

2. 工作程序及注意事项

（1）应在该电路断电后更换熔断器。如果必须带电进行时，应戴绝缘手套并握熔断器的绝缘部分将其卸下，换上同容量的熔断器。装熔断器时一定要迅速。

（2）更换电炉丝时要断电进行，将新电炉丝适当拉伸，注意电炉丝不要凸出电炉盘，电炉丝与接线柱间的绝缘瓷管要装好，防止使用中出现短路或接地。

（七）更换头灯灯泡、调整头灯焦距及更换其他照明灯泡

1. 工具及材料

小活动扳手、螺丝刀、同号灯泡。

2. 工作程序及注意事项

（1）断开头灯开关。

（2）松开卡子，打开头灯检查盖，松开头灯安装螺母取下旧灯泡，装上新灯泡后拧紧螺母。

（3）闭合头灯开关，检查亮灯状态，如照射距离或聚焦不理想时，应进行调整。

（4）调整照射距离和焦距。通过调整头灯后部的 3 个调整钮，调整好焦距使头灯聚焦成点，通过调整反光镜下部的调整钮，改变头灯射程，达到理想状态。

（5）试验头灯点燃时，要将检查盖盖好，防止灯光刺眼及灯泡爆炸伤人。

（6）更换其他照明灯泡时需注意新灯泡应与原灯泡功率一致，以防因功率增加而造成导线发热，烧损保险，产生电路断路。

（八）更换不良电空阀

1. 工具及材料

小活动扳手、垫圈、同型号电空阀。

2. 工作程序及注意事项

（1）将电源断开，关闭风路塞门。

（2）用小活动扳手松下接线螺丝和安装座螺丝，取下电空阀。

（3）检查垫圈有无破损，若垫圈破损应更换新垫圈。

（4）将新电空阀装上，注意垫圈良好。先紧固安装座螺丝，再将接线紧固。

（5）开放风路塞门，闭合电源开关，试验电磁阀不漏泄，不犯卡，作用良好。

（九）隔离故障的蓄电池单节

1. 工具及材料

17 ~ 19 mm 开口扳手、300 mm 长，14~16 mm^2 粗的连接导线。

2. 工作程序及注意事项

（1）断开主断器，降下受电弓，断开蓄电池闸刀。

（2）个别蓄电池单节故障需要隔离时，可将故障单节的连板用扳手松下（戴手套操作），将备用铜线两端绝缘胶皮去掉，裸露铜线分别拧成环状，将欲隔离的故障单节另一极柱与相邻单节已拆连板的极柱用螺栓拧紧，检查裸露铜线不得与电池箱或其他金属相碰。

（3）合上闸刀检查蓄电池电压应显示正常。

（4）严禁将扳手等金属物品放置在蓄电池上以防止短路。

（5）采用代用连接导线时，必须注意线径容量。

（十）调压阀的调整

1. 工具及材料

小活动扳手、17 mm 开口扳手。

2. 工作程序及注意事项

（1）压缩空气压力为额定值。

（2）用扳手松开防缓螺母，然后用手拧调整手轮，顺时针压力上升，反时针则压力下降。

（3）调整符合规定值后，紧固防缓螺母。

（4）调整 53 或 54 阀时，用小闸制动、缓解来判别调整。

（十一）吹扫各电机和打磨整流子

1. 工具及材料

0 号砂纸、长度与整流子面宽度相等的平整木块、钢锯条、350 kPa 压缩空气及风管。

2. 工作程序及注意事项

（1）机车停于有地沟并安全的地段上，降下受电弓。

（2）按规定着装，戴好防护眼镜及口罩。

（3）打开电机检查孔盖，用干燥清洁的压缩空气吹扫整流子及电机内部。

（4）若整流子发黑打磨时，应将砂纸包住木块，用手压木块在整流子面上进行打磨，当磨光一面再用其他动力使电机转动，直到打磨光洁，打磨后及时更换电刷。

（5）用锯条将云母沟的碳化物刮出，再用干燥清洁的压缩空气吹扫，直至把打磨出的铜粉及碳粉吹掉。

（6）吹扫干净后、检查电机各部状态良好后盖好电机盖。

（十二）接触器、继电器触头的清扫与打磨

1. 工具及材料

0 号砂纸、螺丝刀、细锉刀、干布、酒精。

2. 工作程序及注意事项

（1）断开打磨电器触头的电源。

（2）电空接触器、电磁接触器的主触头有轻微烧伤时，可拆下灭弧罩，用 0 号砂纸打磨消除伤痕。如烧伤严重时，可用细锉刀先将麻点轻磨平，再用 0 号砂纸打磨后，用酒精擦拭干净。

（3）中间继电器触头有黑氧化时，禁止用砂纸和锉刀打磨，可用干布蘸酒精擦拭消除。

（4）整扫后的电器触头应进行试验，作用良好，不犯卡。

（十三）擦拭车顶瓷瓶

1. 工具及材料

干净毛巾、洁瓷精。

2. 工作程序及注意事项

（1）机车停于安全区，断开主断路器，降下受电弓。

（2）司机办理隔离开关手续并分闸，挂好接地线。

（3）上车顶检查瓷瓶有无裂纹、烧伤或松动，用毛巾蘸洁瓷精擦拭瓷瓶，直至干净光泽。

（4）按规定着装，穿好劳保鞋，禁止穿钉鞋或塑料底鞋；雷雨天气禁止上车顶作业。

（十四）更换风笛膜片，调整音量

1. 工具及材料

小活动扳手、螺丝刀、清扫针、同型号的新膜片。

2. 工作程序及注意事项

（1）机车停于安全无电区，联系好再上下车项。

（2）关闭风笛塞门，用扳手松开管接头，松下风笛支架螺栓取下风笛。

（3）用扳手卸下风笛后盖螺栓，用清扫针清扫盖板中心通气孔。

（4）取出膜片，用棉丝将空腔内擦拭干净。

（5）放入新膜片，盖上后盖板并对准螺孔，放上螺栓并用扳手对角均匀紧固。

（6）将风笛安装在支架上，连上风笛风管接头，适当紧固，开通风源。

（7）调整音量时，协助人员在司机室按风笛按钮，司机在车顶调整，拧紧调整螺栓则音高，拧松调整螺栓则音低。

二、电力机车乘务员常见故障的处理能力

（1）切除一台损坏的空气压缩机。

（2）切除一台故障的劈相机及切换烧损的起动电阻。

（3）切除一台损坏的变压器油泵或变压器冷却风机。

（4）切除一台损坏的受电弓。

（5）主回路接地、过流。

（6）控制回路虚接、断路。

（7）主断路器故障。

（8）电气回路各保护装置发生动作。

（9）各接触器、继电器线圈烧损及作用不良。

（10）两位置转换开关故障。

（11）蓄电池单节故障及运行中放电。

（12）抱轴瓦发热。

（13）辅助气路故障及空气制动系统故障。

任务 3　电力机车主要部件的保养

任务引入

电力机车保养与使用是不可分割的统一体，保养是为了更好地使用，使用中必须注意保养，这样才能减少或避免机破、临修。同时，机车保养的好坏，关系着机车性能和可靠性，并直接影响铁路运输行车安全。因此，为了提高机车运用效率和延长机车使用寿命，除检修人员提高维修工艺水平和检修质量外，机车乘务员应认真落实岗位责任制，本着“修养并重，预防为主”的方针，以极端负责和对技术精益求精的态度，掌握规律，积累运用保养经验，提高机车质量，为铁路运输安全正点、当好先行，提供可靠稳定的牵引动力。

教学目标

1. 知识目标

（1）了解机车保养工作的一般要求。

（2）掌握电力机车牵引电动机、轮对、车轴轴箱及抱轴承等主要部件的保养方法。

2. 技能目标

会对牵引电动机、轮对、车轴轴箱及抱轴承等主要部件进行保养。

3. 素质目标

培养学生认真负责和对技术精益求精的态度以及爱岗敬业的精神。

任务实施

机车保养要求

一、机车保养工作的一般要求

（1）认真做好机车交接班和运行中的检查，及时处理并消除机车上的常见故障，防止机车“带病”运行。

（2）经常清扫机车，保持良好的清洁状态，要特别注意裸露的导电体及绝缘体的清洁，及时消除隐患。

（3）临时断开的导线接头，要包上绝缘皮并固定，导线绝缘包皮不能与车体相摩擦。

（4）禁止使用不合规格的熔断器。

（5）机车上的灭火器具要配备齐全，定期检查，保证作用良好，并熟练掌握其使用方法。

（6）电力机车上，严禁在机械间、动力室、电气室吸烟。

（7）易燃物品要放在固定安全的地点，禁止在任何一端的取暖电炉上烤棉丝等物；司机室无人时严禁开启取暖设备。

（8）电气设备着火时，可使用 1211 型灭火器或干砂灭火，灭火时，要断开电源，打开门窗。

（9）寒冷地区，应根据气候特点制订有效的机车防寒措施，加强防寒工作检查，保养好机车，消除冬季的机车风路冻结，换向器结霜等冻害。

二、机车主要部件的保养

（一）牵引电动机的保养

（1）打开检查孔盖检查电机内部，如电机内部有碳刷到限、断线、变色、烧损、松动、裂纹、开焊、甩油及整流子严重发黑或损伤等现象时，要立即与有关人员联系，判明原因并采取相应的处理措施。

（2）列车起动时不超过最大牵引电流，运行中调速时，要注意牵引电流不发生大的波动，在长大坡道上爬坡时，要防止电机超载运行。高速通过振动较大的区段和道岔群时，应适当减速，以防电机产生大的火花甚至环火，列车起动和运行中都要注意避免发生连续空转，有空转倾向时要及时撒砂。

（3）在任何情况下严禁“逆电”操作。双机重联运行时，重联机车的反向手柄必须和机车运行方向一致。在机车未停稳时，不许换向。夏季牵引电动机在大电流工作的情况下，牵引手柄退到“0”位后，不要立即关闭牵引通风机。

（4）冬季机车进入暖车库时，要在牵引电动机热态下进入。在库外停留时间长（如段备）时，要在制动的情况下，给牵引电机加小电流通电适当时间，保持牵引电动机内部的温度。

（5）牵引电动机的通风筒应良好，牵引风机的风道应盖严密封。切除牵引通风机后应切除相应的牵引电动机。

（二）辅助机组的保养

（1）闭合主断路器和起动劈相机时，要注意有无单相起动现象和异响，禁止在辅助机组起动过程中断开电源；禁止同时按下各辅助机组起动按钮，以防造成起动过载，不利于电机保养。

（2）辅助机组启动时，应注意观看辅助电路电压表的波动情况，并注意监听启动运行声音和观察信号灯的显示是否正常，发现异状立即停机检查。

（3）各辅助机组应转动灵活，无异响，运用中注意检查各辅助机组运转时的温升（允许温升不超过 55℃）。

（4）对直流辅助电机，要注意整流子的良好状态和碳刷有无断裂、到限，运行中注意观察火花情况。

（5）经常检查压缩机的油压，缺油时要及时补油。

（三）主变压器的保养

（1）主变压器工作时，要注意油泵运转是否正常，油箱、油泵、散热器及油循环管路接头不得漏油。

（2）主变压器在运用中，油位要在规定范围内，以保证良好的冷却作用和绝缘性能。

（3）机车运行中，学习司机要加强走廊巡视，注意观察变压器油的温度是否正常；观察吸湿器中的干燥剂是否变色。干燥剂由蓝色变成粉红色超过 2/3 时，应更换新干燥剂或进行烘干处理。

（4）经常清扫积尘、油垢，保持各部件和绝缘瓷瓶清洁，各接线不松动。瓷瓶碰伤、灼伤面积超过 3 cm^2 时，必须更换新瓷瓶；若面积不足 3 cm^2 可涂绝缘漆。

（四）电器的保养

（1）检查和保养电器时要切断电源。机车辅修时，用压力为 300 ~ 350 kPa 的压缩空气吹扫电器，用棉布、毛刷等擦拭电器，保持其清洁、干燥、无油垢，保证机械部分动作灵活；清扫两位置转换开关主触头，电空接触器联锁触指，各操纵开关及按钮，司机控制器各触头，并按规定涂抹工业凡士林。

（2）电器装置各触头、触指、接点的工作表面有氧化层或接触不良时，要及时用棉布蘸酒精或汽油擦洗，或用 0 号砂布打磨，烧痕严重的要用细锉刀仔细修整。银质接点禁止用砂布或锉刀打磨。各触头、触指、接点的接触压力、开距、超行程不良时要及时调整。触头焊片开焊、脱落、灭弧罩断裂破损的要及时更换或修理。

（3）电器线路各连接处要牢固无松动，有导电不良、虚接、断路、短路或接地现象时要立即消除。电器试验时动作要正确，有卡滞者要及时处理。

（4）电路中必须使用符合规定的熔断器，严禁以大代小，或用其他金属丝代替。

（5）在机车运用中严禁改变电器的整定值，严禁更改电器的接线或结构。

（6）电器上的各风管及接头、电空阀及阀座不漏风，传动风缸不漏风、不窜风。

（7）电器柜、电子控制柜的门和盖在运行中应关牢盖严。

（五）蓄电池的保养

（1）经常检查、清扫蓄电池，保持整洁、干燥、无异物，每节电池注液孔盖上的排气塞要作用良好，电池不漏液、不溢液，连接片及导线无松动，绝缘无破损。发现过热、放电时，要及时切除，维持运行，回段处理。

（2）检查、清扫蓄电池时，要断开蓄电池闸刀及其他输出线路，严禁吸烟、使用明火及将金属工具和异物放于跨线上造成短路。

（3）机车降弓停留时，禁止长时间使用前大灯和车内照明设备。

（六）受电弓的保养

（1）受电弓滑板松动、到限、偏磨、断裂、脱落时，要及时紧固、更换。局部出现深沟或缺块时，应用锉刀打成大于 120° 的斜坡口。

（2）要保持框架各杆件活节处油堵齐全，油润良好，升、降弓不阻滞。

（3）滑板、框架有变形、烧损时，要查明原因，及时处理。

（4）车顶各高压瓷瓶要经常保持清洁、牢固，发现有裂纹应及时更换；有闪烙或爬电痕迹时，应及时刷绝缘漆处理。但瓷瓶烧损面积或缺损面积超过 3 cm^2 时，必须更换新瓷瓶。

（5）运行中接触网晃动、跳动大、拉弧大时，多为碳滑板有缺陷，要及时换弓运行。

（七）轮对、车轴轴箱及抱轴承的保养

（1）机车运行中要经常进行小闸瞬间缓解，以防止机车自然制动；实行制动时要防止滑行擦伤轮毂，机车停站时应检查轮毂有无过热、弛缓现象。

（2）机车运用中，必须保证轮缘喷油器作用良好，运行中不准随意关机停用，同时应经常清扫轮对踏面油垢，保证踏面干燥、清洁。

（3）接班乘务员应认真检查手制动机的状态，确认其缓解后才能出段，以免造成轮箍热弛缓。

（4）段内接班后，应仔细检查轴箱端盖、轴箱拉杆和电机悬挂装置是否良好。可用检查锤顺时针方向敲击各紧固螺丝，听其声音判断紧固状态。

（5）机车运用中，机车乘务员和地勤检查人员应经常检查轴箱盖下方有无漏油现象，发现漏油或其他异状应及时处理。

（6）机车运行中在站停车后，机车乘务员应下车检查轴箱温度。如发现温度过高或局部温度过高时，应打开轴箱端盖检查，并根据情况处理。

（7）抱轴承要使用规定的润滑油，油位要在油尺的上下刻度之间，要防止油位过高，导致向牵引齿轮箱窜油。

（8）运行中，抱轴瓦温度不应超过40~90℃，遇温度太高或冒烟时，禁止用油、水等人工强迫降温，以防轴颈产生裂纹，要使机车在线路上慢慢移动，待温度降到正常温度以下时再处理，以防车轴弯曲。

（9）齿轮箱油位要符合标准，运用中要经常检查牵引齿轮的润滑情况，避免因缺油或油脂变质而使牵引齿轮加速磨损或拉伤。冬季要注意因低温所引起的油润性能变化。

任务 4　电力机车电气试验

任务引入

电力机车高、低压试验，是检查电力机车电气部分、空气管路部分及制动系统综合性能的重要方法，常用于验收机车、交接班检查试验及运用、检修和技术人员检查判断故障处所。试验时，要特别注意人身及设备安全，并做到以下几点：

（1）试验前，操纵人员必须亲自检查，确认符合规定要求。

（2）试验过程中，操纵人员、助手及其他有关人员要加强联系，并按规定执行鸣笛及呼唤应答制度。

（3）各扳钮、手柄、手轮、闸刀、塞门及转换开关要按规定操纵，试验完毕后，及时复原。

（4）动调速手轮，无论牵引或制动，必须有防窜车意识，执行好防窜车措施。

（5）每项操纵前，要对操纵后的状态了然于胸。操纵时精神集中，做到手动、耳听、眼看、鼻闻，发现危及人身及设备安全时，及时采取果断措施，防止意外事故发生。

（6）助手要服从操纵人员的指挥，密切配合，并按规定进行巡视检查。

教学目标

1. 知识目标

（1）了解 SS_9 型电力机车高、低压电气试验前的准备工作。

（2）了解 HXD_3 型电力机车高、低压试验前的准备工作。

（3）掌握 SS_9 型电力机车高、低压电气试验程序。

（4）掌握 HXD_3 型电力机车高、低压电气试验顺序。

2. 技能目标

（1）会进行 SS_9 型电力机车高、低压电气试验。

（2）会进行 HXD_3 型电力机车高、低压电气试验。

3. 素质目标

培养学生具有遵章守纪的思想和严谨认真的工作作风。

任务实施

一、SS_9 型电力机车电气试验

（一）SS_9 型电力机车低压电气试验程序及要求

1. 准备工作

（1）确认机车顶部无人，车顶门锁闭。

（2）各自动开关、隔离开关、各闸刀及转换开关置于正常位。

（3）微机转换开关置于正常位，防空转开关置于投入位。

（4）各管路塞门置于正常位，总风缸压力不低于 700 kPa，制动缸压力不低于 300 kPa，并放好止轮器。

（5）闭合电源柜蓄电池整流输出开关 667QS，蓄电池电压显示 96 V 以上。

（6）闭合整流输出开关 666QS、蓄电池脱扣开关 601QS，确认柜内及司机操纵台电压表 658PV、650PV 指示 96 V 以上，闭合全部自动开关，电流表显示正常。

（7）将逆变器电源选择开关置于 A 组或 B 组位，确认逆变器电源标件板上 48 V、24 V、15 V 的信号灯显示，斩波器 48 V 风扇转动及司机操纵台“主断”“预备”“劈相机 1”“劈相机 2”“牵引风机”“制动风机”等信号灯亮。

（8）闭合“信号检查”按钮 412SKl 或 412SK2，确认司机操纵台所有信号显示正常。

（9）将“欠压”，保护隔离开关 593QS 置故障位，制动风速 1、3 及制动风速 2、4 隔离开关 589QS、590QS 置于故障位。

（10）将牵引风速 1、3 及牵引风速 2、4 隔离开关 573QS、574QS 置于故障位。

2. SS_9 型电力机车低压电气试验操作程序

（1）闭合电钥匙 570QS1 或 570QS2。

① 看：司机操纵台“0”位灯亮。

② 听：钥匙箱内保护阀 287YV 得电吸合声。

（2）断开电钥匙 570QS1 或 570QS2 后重新闭合。

① 看：司机操纵台“0”位灯灭。

② 听：287YV 失电排风声。

（3）闭合“主断路器”开关 401SA1 或 401SA2。

① 听：主断路器闭合声。

② 看：“主断”信号灯灭。

（4）断开“主断路”开关 401SA1 或 402SA2。

① 听：“主断路器”断开声。

② 看：“主断”灯亮。

③ 重新闭合主断。

（5）闭合“劈相机”开关 404SA1 或 404SA2。

① 劈相机启动电阻接触器 213KM 及劈相机接触器 201KM 吸合。

② 延时 3 s，劈相机启动继电器 283AK 吸合，213KM 失电，“劈相机 1”灯灭；再延 3 s，劈相机 2 接触器 202KM 吸合，“劈相机 2”灯灭。

（6）闭合“空气压缩机”开关 408SAl 或 408SA2。

听：空气压缩机接触器 203KM 吸合声。

（7）闭合“备用压缩机”411SA1 或 411SA2。

① 听：压缩机 2 接触器 204KM 吸合声。

② 看：信号灯灭。

（8）将空气压缩机开关 408SA1 或 408SA2 从正常位转换到强泵风位，203KM、204KM 同时断开后，听 203KM 吸合声。

（9）将“空气压缩机”开关 408SA1 或 408SA2 重新转换到正常位。

（10）闭合“通风机”开关 406SA1 或 406SA2。

① 听：牵引风机 1 接触器 205KM 吸合声。

② 延时 3 s 后，听牵引风机 2 接触器 206KM 吸合声。

③ 延时 3 s 后，听牵引风机 3 接触器 207KM 吸合声。

④ 延时 3 s 后，听牵引风机 4 接触器 208KM 吸合声；看“牵引风机”灯灭。

⑤ 延时 3 s 后，听变压器接触器 211KM 及油泵接触器 212KM 吸合声，看司机操纵台“油泵”灯亮。

（11）闭合制动风机开关 407SA1 或 407SA2。

① 听：制动风机 1、3 接触器 209KM 吸合声。

② 延时 3 s 后，听制动风机 2、4 接触器 210KM 吸合声。

③ 看：“制动风机”灯灭。

（12）将换向手柄置于“制”位。

① 两位置转换开关 107QPB，108QPB 电磁阀得电，听牵、制转换开关 107YVB、108YVB 转换声，励磁接触器 91KM、92KM 吸合声。

② 看：“电制动”灯亮。

（13）将换向手柄置“前”位。

① 听：两位置转换开关 107QPF，108QPF 电空阀得电吸合声。

② 听：牵制转换开关 107YVT、108YVP 电空阀得电吸合声。

③ 听：牵引接触器 93KM 得电吸合声。

（14）将换向手柄置于“后”位。

① 听：两位置转换开关 107QPF、108QPF 得电转换声。

② 听：牵制转换开关 107YVT、108YVP 得电转换声。

③ 听：93KM 得电吸合声。

（15）将换向手柄置“前”位，主手柄提至“0”级（假“0”位）。

① 看：“0”位灯灭。

② 听：线路接触器 12KM～62KM 吸合声。

③ 看：“预备”灯灭。

（16）主手柄退回“0”位。

① 看：“0”位“预备”灯亮。

② 听：12KM～62KM 释放声。

（17）将换向手柄置于“制”位（电制动灯亮），主手柄置 9 级。

① 听：12KM～62KM 得电吸合声。

② 看：“0”位“预备”灯灭。

（18）将辅助司控手柄置于 1～6 位后回 0。

试验内容同前。

（19）跳主断保护试验。

① 人为闭合“紧急制动”按钮 594SB1、594SB2 后恢复。

主断跳开且列车紧急制动排风。“主断”灯亮，监控屏“紧急”灯亮，15 s 后，将电空制动器手柄由重联位移回运转位缓解。

② 手动原边过流继电器 101KC。

主断断开，“主断”“原边过流”灯亮。重新闭合“主断”、恢复线圈 97KER、98KER 得电，“主断”“原边过流”灯灭。

③ 手动辅接地继电器 285KE。

主断断开，“主断”“辅接地”灯亮。重新闭合“主断”，恢复线圈 97KER、98KER 得电，“主断”“辅接地”灯灭。

④ 手动辅助过流继电器 282KC。

主断断开，“主断”“辅助回路过流”灯亮。重新闭合“主断”，恢复线圈 97KER、98KER 得电，“主断”“辅助回路过流”灯灭。

（20）故障状态试验劈相机。将劈相机隔离开关 242QS 置故障位。

① 听：213KM 吸合声。延时 3 s，听 283AK 吸合声，213KM 失电声及 202KM 吸合声。

② 看：显示屏“劈相机”灯亮，“劈相机 2”灯灭。

（21）断主断，关闭电钥匙，将 LCU 转换至 B 组重新进行以上各项试验。

3. 低压电气试验结束工作

（1）将所有隔离开关置正常位。

（2）将所有故障状态恢复正常位。

（3）断开所有按键开关及电钥匙。

（4）断开蓄电池闸刀。

（二）SS_9 型电力机车高压电气试验

1. 高压电气试验准备工作

（1）锁闭车顶门与各高压室门，门钥匙全部插入钥匙箱。

（2）将各隔离开关、库用闸刀、转换开关均置于“运转”位，闭合各自动开关。

（3）各管路塞门在正常位，总风缸风压不低于 700 kPa，制动缸风压不低于 300 kPa 并放好止轮器。

（4）将微机Ⅰ、Ⅱ架转换开关置于“运转”位，空转切除开关置于“投入”位。

（5）将逻辑控制单元（LCU）A、B 组转换开关置于“A”位。

（6）换向手柄置于“0”位，主手柄置于机构“0”位，各扳键开关均置于“断开”位。

（7）所有人员处于安全位置。

2. SS_9 型电力机车高压电气试验程序及要求

（1）闭合电钥匙开关（570QS）。

① 听：保护阀（287YV）吸合声。

② 看：司机操纵台“主断”“预备”“0”位及“劈相机 1”“劈相机 2”“牵引风机”“制动风机”等信号灯亮。

③ 看：微机显示屏显示“蓄电池合”灯亮。

（2）操作402SA1或402SA2开关，分别升前弓或后弓。

要求：乘务组人员齐全，并将头伸出窗外，高声呼唤："升弓了"，并鸣笛一长声升弓（有限制或禁止鸣笛规定的地区除外）。

① 听：升弓电磁阀1YV或2YV吸合声。

② 看：网压表显示网压19～29 kV，确认弓网状态良好。

（3）将主断路器开关401SA1或401SA2置于"合"位。

① 听：主断路器的吸合声。

② 看：司机操纵台显示"主断"灯灭，司机操纵台电压表显示充电电压110 V。

（4）主断路器开关401SA1或401SA2置断开位。

① 听：主断路器断开声。

② 看：司机操纵台主断路器灯亮，电压表显示96 V以上。

（5）重新闭合主断，启动劈相机，闭合劈相机开关404SA1或404SA2。

① 听：劈相机1启动声，延时3 s后，劈相机2启动声。

② 看：司机操纵台显示灯"劈相机1"灯灭，延时3 s后，"劈相机2"灯灭。

（6）分别闭合"空气压缩机"开关408SA1（或408SA2）和"备用空气压缩机"开关411SA1（或411SA2）。

① 听：当总风缸压力低于750 kPa时，空气压缩机1启动声。

② 延时3 s后，听空气压缩机2的启动声。

（7）将"空气压缩机"开关408SA1或408SA2置于强泵位。

① 空气压缩机立即工作。听：空气压缩机1启动声（但不受547KF的控制）。

② 听：当总风缸风压达到1 000 kPa时，高压安全阀的排风声。

（8）加载试验。

要求：再次确认制动缸压力300 kPa以上，防止机车移动。

① 换向手柄前进位加载试验：

a.主手柄置2～3级。

看：司机操纵台"0"位"预备"灯灭，各牵引电机电流表显示正常值。

b.主手柄置4级（瞬间完成）。

看："预备"灯亮，各牵引电机电流回零后，将主手柄退回零位。

② 换向手柄后进位加载试验：

a.主手柄置2~3级。

看：司机操纵台"0"位"预备"灯灭，各牵引电机电流表显示正常值。

b.主手柄置4级（瞬间完成）。

看："预备"灯亮，各牵引电机电流回零后，将主手柄退回零位。

③ 辅助司机控制器前、后位加载试验。

试验步骤与第（8）步①、②项相同。

（9）断开操纵台所有开关及电钥匙，并将脱扣开关609QA断开，进行微机Ⅰ、Ⅱ架转换试验。

试验内容与上述第（1）～（9）项相同，试验完毕恢复正常位置。

（10）闭合609QA升弓、合主断、合劈相机、闭合通风机开关406SA1或406SA2试验。

① 听：牵引通风机 1 启动声；延时 3 s 后，牵引通风机 2 启动声；延时 3 s 后，牵引通风机 3 启动声；延时 3 s 后，牵引通风机 4 的启动声；延时 3 s 后，“变压器风机”“油泵”的启动声。

② 看：“牵引通风机”灯灭，“变压器油泵”灯闪亮后熄灭。

（11）闭合制动风机开关 407SA1 或 407SA2。

① 听：制动风机 1、3 的启动声，延时 3 s 后，制动风机 2、4 的启动声。

② 看：“制动风机”灯灭。

（12）换向手柄转置于“制动位”，主手柄置于“9 位”电阻制动试验。

① 看：“0”位“预备”灯灭，“电制动”灯亮。

② 励磁电流上升约 930 A 时，牵引电流上升 70 A，微机屏显示“加馈”。

③ 关闭制动风机，电流指示回“0”，司机操纵台“制动风机”灯亮，“预备”灯亮。

④ 主手柄回 0，“0”位灯亮，换向手柄置“前进”位。

（13）按紧急停车按钮 594SB1 或 594SB2。

① 听：主断路器跳闸声、机车紧急制动排风声。

② 看：司机操纵台“主断”“预备”“0”位“劈相机 1”“牵引风机”“劈相机 2”“制动风机”灯亮，监控装置“紧急”灯亮。

（14）恢复紧急停车按钮。

要求：恢复紧急停车按钮 15 s 后，将电空制动器手柄由重联位移至运转位时，重新闭合主断路器。

① 听：“主断路器”“劈相机”“牵引风机”的吸合声。

② 看：“主断”“紧急”灯灭；“劈相机 1”“劈相机 2”灯灭；“牵引风机”灯灭；“变压器油泵”灯亮后熄灭。

（15）断 402SAl 或 402SA2，降弓欠压试验。

要求：启动劈相机。

① 看：网压表指示下降。

② 听：主断路器跳闸声。

③ 看：司机操纵台“主断”“欠压”“劈相机”“牵引风机”灯亮。

④ 断开“劈相机”“通风机”开关，闭合“主断”，看“欠压”“主断”灯灭。

（16）逻辑控制单元（LCU）转换试验。

要求：断开主断、操纵台全部开关，关闭电钥匙。将逻辑控制单元 A 组装换至 B 组，再进行上述各项内容的操作试验。

试验完毕后恢复各部件的正常状态。

二、HXD_3 型电力机车高、低压试验程序

（一）低压试验

1. 准备工作

（1）确认车顶门、控制电器柜柜门锁闭良好，高压接地开关在“运行”位（两把黄色钥匙插入）；蓝色钥匙插入制动控制柜锁孔，开通受电弓风路（蓝色钥匙

呈垂直状态）。

（2）确认各风路塞门在正常工作位置（空气制动柜：总风塞门 A24、踏面清扫门 B50.02、弹停塞门 B40.06、撒砂塞门 F41.02、制动缸塞门 Z10.22 在开放位；干燥器下：控制风缸塞门 U77 在开放位、总风缸排水塞门 A12 在关闭位；压缩机与Ⅰ端变流柜间侧墙：Ⅱ端受电弓塞门 U98 在开放位；压缩机与Ⅰ端变流柜间小地板下：弹停风缸排水塞门A14、控制风缸排水塞门U88均在关闭位；控制电器柜与Ⅱ端变流柜间侧墙：主断路器塞门 U94、Ⅰ、Ⅱ端受电弓高压隔离开关塞门 U95、Ⅰ端受电弓塞门 U98 均在开放位）。

（3）确认总风缸风压不低于 750 kPa；机车控制电路电压不低于 96 V。

（4）确认控制电器柜上的自动开关位置正确（除直流加热及自动过分相自动开关在“断开”位外，其余自动开关均在“闭合”位）。

（5）实施弹停制动。

（6）司机室各控制器在“0”位，打开机械室门。

2. 试验顺序及要求

（1）机本照明试验。

依次闭合仪表、司机室、走廊、车底、前（副）照灯、标志等照明灯开关，检查各照明灯照明良好、逻辑控制关系正确。

（2）辅机系统试验。

检查遮阳帘、风扇、刮雨器、工作状态良好，功能与控制开关指示位置相符合。

（3）机车电钥匙试验。

① 机车电钥匙置“合”位。观察制动显示屏启动正常，检查制动显示屏各数据、参数设置正确。

② 将自动制动手柄置“抑制”位 1 s 后回“运转”位、单独制动手柄置“全制”位观察制动显示屏“动力切除”消除，制动显示屏均衡风缸、列车管风压显示 600（500）kPa、机车制动缸风压显示 300 kPa。

（4）微机显示屏试验。

① 状态指示屏“微机正常”“主断分”“0”位“欠压”“辅变流器”“水泵”“停车制动”灯亮。

② 按下状态指示屏自检按钮，所有状态指示灯亮。

③ 确认微机显示屏显示正常，其网压、控制电路电压显示与仪表模块显示一致。

④ 主、辅变流器切除试验。利用微机显示屏触摸开关，分别将主变流器、辅变流器切除、恢复一次。

（5）弹停装置试验。

① 弹停转换开关置“缓解”位。确认弹停制动缓解，状态指示屏“停车制动”红灯灭。

② 弹停转换开关置“制动”位。确认弹停装置制动，状态指示屏“停车制动”红灯亮。

（6）主变流器试验。

将主变流器试验开关（SA75）置“试验”位，进行以下试验。

① 断路器试验。

a.将主断路器扳键开关（SB43 或 SB44）置“主断合”位。听主断路器闭合声；看状态指示屏“主断分”灯灭，微机显示屏显示“主断合”。

b.将主断路器扳键开关（SB43 或 SB44）置“主断分”位。听主断路器断开声；看状态指示屏“主断分”灯亮，微机显示屏显示“主断分”。

② 牵引试验。

a.“前”位牵引试验。

i.换向手柄置“前”位：听充电、工作接触器动作声，看微机显示屏方向指示与手柄位置一致。

ii.缓慢将调速手柄由“0”推向“牵引”区最大位：看状态指示屏“0”位灯灭、微机显示屏级位显示从 0.0 升至 13.0，各轴扭矩输出显示由 0 升至约 95 kN。

iii.缓慢将调速手柄退至“0”位：看微机显示屏级位和牵引力显示逐步回“0”位、状态指示屏“0”位灯亮。

iv.换向手柄置“0”位：听工作接触器断开声。

b.“后”位牵引试验。

试验内容同“前”位牵引试验。

③ 电制动试验。

a.换向手柄置于“前”位，将调速手柄拉向“制动区”并逐渐推至最大位。

看状态指示屏“0”位灯灭、“电制动”灯亮；听制动系统短暂排风声（机车制动缸有风时）；看微机显示屏手柄级位由 11.9~1 级变化。

b.调速手柄退回“0”位。

看状态指示屏“电制动”灯灭、“0”位灯亮。

c.缓解机车制动，大闸置“初制动”位，将调速手柄置“制动区”。

看状态指示屏“0”位灯灭、“电制动”灯亮；观察机车制动缸缓解。

d.调速、换向手柄回“0”。

④ 试验完毕，主变流器试验开关（SA75）恢复至“0”位。

（7）撒砂试验。

分别将换向手柄置“前”“后”位，脚踩撒砂开关 SA83（SA84），确认撒砂装置作用良好。

（8）在微机显示屏牵引/制动画面按点击【检修状态】→输入密码“000”→点击【确认】【状态】【信号信息】→进入信号信息画面→点击【DI2】→进入 DI2 画面第一页，手按警惕按钮或脚踩警惕开关，看 521 线底色变绿；松开后，底色恢复黑色。

（二）高压试验

1. 准备工作

（1）确认机车各闸刀、试验开关、故障转换开关、风路塞门、车顶门、各屏柜门均在正常位。

（2）确认总风风压不低于 700 kPa，机车制动缸风压不低于 300 kPa。

（3）检查控制电路电压不低于 96 V。

（4）通过微机显示屏将主变流器 CI1 ~ CI6 全部切除。

（5）将非操纵端自动制动手柄锁定在“重联”位，单独制动手柄置“全制”位，锁闭非操纵端司机室门窗。

（6）确认操纵端司机控制器手柄在“0”位、机车电钥匙在“0”位。

（7）确认机车停留在有电区且接地线已撤除、隔离开关已闭合，机车两端地面防护牌、信号旗（信号灯）已撤除，机车周围无闲杂人员且均处于安全区域，高压试验人员均在司机室。

2. 试验顺序及要求

（1）机车电钥匙置“合”位。

① 确认制动显示屏启动正常，检查制动显示屏各数据、参数设置正确。

② 将大闸置“抑制”位 1 s 后回“运转”位、小闸置“全制”位，确认制动显示屏“动力切除”消除，制动显示屏均衡风缸、列车管风压显示 600（500）kPa、机车制动缸风压显示 300 kPa。

（2）升降弓试验。

① 后弓试验。

a. 将受电弓扳键开关 SB41（SB42）置“后受电弓”位。

i. 听升弓电磁阀得电充风声。

ii. 观察受电弓上升正常，无冲网现象，升弓时间不得大于 5.4 s（从弓头动作时起）。

iii. 确认网压表及微机显示屏网压显示正常、状态指示屏“欠压”灯灭。

b. 将受电弓扳键开关 SB41（SB42）置“0”位。

i. 观察受电弓下降正常，无砸车顶现象，降弓时间不得大于 4 s（从弓头动作时起）。

ii. 确认网压表及微机显示屏显示网压低于 5 kV、状态指示屏“欠压”灯亮。

② 前弓试验。

试验内容同后弓试验。

③ 升起后弓。

（3）主断路器试验。

① 将主断路器扳键开关 SB43（SB44）置“主断合”位。

a. 听主断路器闭合声及辅变流器 2（APU2）启动后，水泵、辅变流器风机、油泵投入工作声。

b. 看机车状态指示屏“主断分”“辅变流器”“水泵”灯灭。

c. 进入微机显示屏“风机状态”画面，确认变压器油泵 MA21、MA22 及水泵 MA27、MA28 投入工作。

d. 进入微机显示屏“辅助电源”画面，看辅变流器 2（APU2）输出频率为（50 ± 1）Hz。

e. 观察控制电路电压表及微机显示屏，看控制电路电压显示 110 V。

f. 进入机械室确认冷却系统水流量计显示流量正常（黑色指针在 200 左右）。

（4）压缩机试验。

① 总风风压低于 750 kPa（0001 ~ 0640 号机车）或 680 kPa（0641 号机车之后）时，将压缩机扳键开关 SB45（SB46）置“压缩机”位。

a. 听空气压缩机 1、2 间隔 3 s 依次启动。

b. 进入微机显示屏“空制状态”画面，看压缩机 CMP1、CMP2 正常投入工作。

c. 当总风风压升至 900 kPa 时，压缩机 1、2 同时停止工作。

② 当总风缸风压高于 750 kPa 但又低于 825 kPa 时（0001~0640 号机车）或当总风缸风压高于 680 kPa 但又低于 750 kPa 时（0641 号机车之后），将压缩机扳键开关 SB45（SB46）置“压缩机”位，此时，仅操纵端压缩机投入工作，当总风风压达到 900 kPa 时自动停止工作。

③ 将压缩机扳键开关 SB45（SB46）置“强泵风”位不松手。

a. 看操纵端压缩机投入工作，总风风压升至 950 kPa 时听高压安全阀喷气声。

b. 松开压缩机扳键开关 SB45（SB46），操纵端压缩机停止工作。

（5）换向手柄“前”位试验。

① 换向手柄置“前”位。

a. 听辅变流器 1（APU1）启动后，牵引及复合冷却风机启动。

b. 进入微机显示屏“风机状态”画面，确认牵引风机 MA11 ~ MA16 启动正常。

c. 进入微机显示屏“辅助电源”画面，看辅变流器 1（APU1）输出频率升至 33 Hz。

② 换向手柄回“0”位。

待 1 min 之后，听各牵引、复合冷却风机停止工作。

（6）电制动试验。

① 换向手柄置“前”位、调速手柄离开“0”位至“制”区最大。

a. 看机车状态指示屏“0”位灯灭。

b. 进入微机显示屏“辅助电源”画面，看辅变流器 1（APU1）输出频率升至（50 ± 1）Hz。

c. 看微机显示屏显示级位由 11.9 级 ~ 1 级变化。

② 调速手柄回“0”位。

看机车状态指示屏“0”位灯亮。

（7）牵引试验。

① 弹停转换开关置“缓解”位，看机车状态指示屏“停车制动”红灯灭。

② 通过微机显示屏触摸开关恢复主变流器 CI1 ~ CI3，看状态指示屏“预备”灯亮。

③ 将调速手柄置牵引“*”位。

a. 看机车状态指示屏“0”位“预备”灯灭。

b. 微机显示屏显示“1.0”级、牵引电机 M1 ~ M3 输出扭矩显示 13 kN 左右。

④ 调速手柄退回“0”位。

a. 机车状态指示屏“0”位“预备”灯亮。

b. 看微机显示屏牵引电机 M1~M3 输出扭矩变为 0、手柄级位显示“0”级。

⑤ 通过微机显示屏触摸开关切除主变流器 CI1 ~ CI3、恢复主变流器 CI4 ~ CI6，将调速手柄置牵引“*”位。

a. 看机车状态指示屏“0”位“预备”灯灭。

b. 微机显示屏显示“1.0”级、牵引电机 M4 ~ M6 输出扭矩显示 13 kN 左右。

⑥ 调速手柄退回“0”位。

a. 机车状态指示屏“0”位“预备”灯亮。

b. 看微机显示屏牵引电机 M4 ~ M6 输出力矩变为 0、手柄级位显示“0”级。

⑦ 换向手柄置“0”位，通过微机显示屏触摸开关切除主变流器 CI4 ~ C16。

（8）辅变流器故障切换试验。

① 断开主断路器，通过 TCMS 屏“开放状态”栏手动切除 APU1，看 APU1 栏变红。重新闭合主断，听 APU2 启动声，各风机启动运行，通过 TCMS 屏“机器状态”栏“风机状态”界面，确认 WP1 ~ WP2 水泵、MA2 ~ MA22 油泵工作正常，MA11 ~ MA16 牵引风机、MA17 ~ MA18 复合冷却风机启动正常。

② 通过 TCMS 屏“机器状态”栏“辅助电源”界面看 APU2 输出电源频率为 50 Hz，看 PSU1（PSU2）装置投入工作，观察控制电压表及 TCMS 屏显示控制电压 110 V。

③ 断开主断路器，恢复 APU1，切除 APU2 试验（试验内容及步骤同上）。

（9）PSU 装置转换试验。

① 断电降弓拉回电钥匙开关，通过 TCMS 屏确认试验时正常工作的 PSU 单元，并通过 TCMS 屏检修模式修改系统日期，修改完毕后脱开蓄电池开关，30 s 后恢复蓄电池开关。

② 重新升弓闭合主断，确认控制电压表及 TCMS 显示屏显示控制电压 110 V，通过 TCMS 屏“辅助电源”界面，确认另一组 PSU 投入工作。

③ 断开主断路器，采用手动转换 PSU 单元，将 PSU 装置柜侧面转换开关转至另一组 PSU 单元，重新闭合主断，确认控制电压表及 TCMS 显示屏显示控制电压 110 V，通过 TCMS 屏“辅助电源”界面，确认另一组 PSU 投入工作。

【课后作业】

1. 电力机车如何进行日常检查?
2. 简述 SS_4G 型电力机车静止检查顺序。
3. 简述 HXD_3 型电力机车静止检查顺序，试画出全面检查路线图。
4. 电力机车乘务员自检自修的作业范围是什么?
5. 简述清扫撒砂通路，调整撒砂量的工作程序和主要技术要求。
6. 简述更换车钩舌及钩舌销的工作程序和主要技术要求。
7. 机车保养工作的一般要求是什么?
8. 电力机车各主要部件的保养内容有哪些?

9. 简述电力机车高、低压试验的要求。

10. SS_9型电力机车高压试验前的准备工作有哪些?

11. HXD_3型电力机车低压试验前准备工作有哪些?

12. 简述HXD_3型电力机车高压试验的顺序。

项目 3　行车安全装备及 LKJ 操作

【项目导学】

铁路机车行车安全装备是指装设于机车、动车以及自轮运转特种设备上，用于直接防止列车运行事故或辅助机车乘务员提高操纵列车运行安全能力的装备，主要包括：列车运行监控记录装置（简称监控装置）、机车自动停车装置（简称自停装置）、机车信号、列车无线调度通信设备（简称无线列调）以及与之配套的传感、信息输入、信息输出和连接设备等。铁路机车行车安全装备是机车的组成部分。监控装置同时是实现铁路机务行车安全科学管理的重要设备。

列车运行监控记录装置、自动停车装置是机车行车安全装备。《铁路机车操作规程》规定机车出段前，必须确认机车行车安全装备和列尾装置司机控制盒，以及列车无线调度电话、机车信号的作用及状态良好，设备检测合格证签发符合规定。行车安全装备出段必须开机，按规定正确操作使用，严禁擅自关机。不得使用列车无线调度电话进行与行车无关的通话，并应遵守保密规定。

【本项目学习思维导图】

- 行车安全装备及LKJ操作
  - 一、机车三项设备检查
    - 1. 机车信号装置检查
    - 2. 机车综合无线通信设备（CIR）检查
    - 3. LKJ-2000列车运行监控装置检查
  - 二、LKJ出入段基本操作
    - 1. 监控开机
    - 2. 换室操作
    - 3. 参数输入与修改
    - 4. 出入段操作
  - 三、LKJ运行途中常规操作
    - 1. 开车对标
    - 2. 车位调整
    - 3. 巡检操作
    - 4. 支线号、侧线股道号输入
    - 5. 进入/退出调车
    - 6. 警惕操作
    - 7. 防溜控制及解除
    - 8. 机车信号故障处理
    - 9. 途中LKJ故障
  - 四、LKJ查询及其他操作
    - 1. LKJ查询操作
    - 2. LKJ其他操作
  - 五、机车车载安全防护系统（6A系统）操作
    - 1. 6 A系统组成及功能
    - 2. 6 A系统操作使用

任务1　机车三项设备检查

任务引入

机车乘务员和各级机务管理人员必须认真学习和严格执行本规定，树立良好的职业道德，做到遵章守纪、爱护机车、平稳操纵、安全正点。

机车乘务员按职责分工进行交接。接车时，认真了解机车运用、检修情况，办理燃料、耗电、工具、备品交接。接车后，确认列车运行监控装置（LKJ）、机车信号、列车无线调度通信设备等行车安全装备合格证齐全、符合规定，将IC卡数据载入LKJ并确认无误。

? 请思考：机车乘务员应如何完成一次乘务作业?

任务描述

机车乘务员完成一次乘务作业，出库前对机车三项设备进行检查。

教学目标

1. 知识目标

了解机车信号装置组成及功能作用；熟悉机车综合无线通信设备（CIR）的组成及功能；熟悉LKJ-2000型列车运行监控记录装置的组成及功能。

2. 技能目标

掌握机车信号装置的实际应用方法及机车信号的显示含义；掌握机车综合无线通信设备（CIR）的图形符号显示的含义及各按键的功能；掌握LKJ-2000型列车运行监控记录装置图形符号显示的含义及各按键的功能。

3. 素质目标

树立良好的职业道德，培养学生认真负责、安全生产以及良好的团队合作精神。

任务实施

一、机车信号装置

（一）布置任务

整备车间根据计划要求，了解作业准备情况，通知整备人员开始作业。

在开始作业前，整备工长应主动联系整备作业有关人员，了解作业准备情况。指派胜任人员或亲自检查机车、车辆作业情况，确认无误后，方可开始作业。

（二）检查项目

机车信号装置：外观检查（有无破损、裂纹）；上电后灯有无显示，是否正常，机车信号上下行的确认。

【知识链接】

机车信号是一种能够自动复示列车运行前方地面信号机显示的机车车载系统，它可以反映列车的运行条件，通过对接到的地面信号进行处理，得到列车运行前方信号机的显示信息，并将该信息通过相应的显示装置显示出来。

从我国机车信号的发展过程来看，其主要分为点式、接近连续式和连续式三种。

点式机车信号就是在铁路线路固定点上设置相应的地面设备，机车在通过时利用地面设备的无源谐振回路与机车上的有源谐振回路之间的互感作用来接收信号，并对信号进行处理而得到前方信号机的显示信息。点式机车信号有双频点式和变频点式两种，主要用在铁路非自动闭塞区段，用来预告进站信号机的显示。近年来，我国铁路非自动闭塞区段的点式机车信号设备已经逐步被接近连续式机车信号设备所取代，但由于点式设备具有结构简单、易于安装、施工快等优点，目前主要将其与连续式机车信号设备配合使用。

接近连续式多用于非自动闭塞区段。在进站信号机外方制动距离附近的固定地点设置发送设备，并从固定地点到进站信号机之间加装一段轨道电路。从列车最前面的车轮轧在轨道电路上时起，发送装置就连续不断地向机车上传送地面信号的信息，使机车信号机连续复示进站信号机的显示。

连续式机车信号主要用于铁路自动闭塞区段，在铁路的各个自动闭塞分区都设置有相应的轨道电路及机车信号发送设备，使得地面通过信号机的显示信息可以不间断地传递到机车上。连续式机车信号可以使司机随时获得前方信号机的显示信息，便于司机对机车进行操作控制，有利于铁路行车安全。

160 km/h 是司机能确认地面信号机显示的临界速度，虽然其正方向仍设地面信号机，但在正常情况下以机车信号为主，反方向则按机车信号运行。在列车速度超过 200 km/h 时，司机确认地面信号已不可能，只能凭机车信号行车。

【案例学习】

案例 3-1：上下行开关位置错

故障现象：列车在××站 10 道发车，机车信号显示白灯，开车后机车信号一直显示白灯。

故障分析：机车回库转线后，电务检修人员对该车进行全面检查、测试，机车信号显示正常，各部测试数据符合维规标准未发现异常。

判断处理：提取机车信号记录器数据，回放显示机车信号上下行开关一直错误地放在上行位置，机车在开车前没有收到红黄灯而一直在点亮白灯，在白灯状态下开车。恢复机车上下行开关位置后故障消失。

二、机车综合无线通信设备（CIR）

（一）布置任务

整备车间根据计划要求，了解作业准备情况，通知整备人员开始作业。

在开始作业前，整备工长应主动联系整备作业有关人员，了解作业准备情况，指派胜任人员或亲自检查机车、车辆作业情况，确认无误后，方可开始作业。

（二）检查项目

机车综合无线通信设备：外观检查（有无破损、裂纹）；各按键开关是否正常；CIR 加电后，MMI 根据上次关机时的状态进入 450 MHz 模式或 GSM-R 模式主界面，是否正常。

【知识链接】

铁路无线列车调度通信系统是以铁路运输调度为目的，利用无线电波，完成列车与调度中心之间或列车与列车之间通信的系统，简称无线列调。这是一种铁路专用的移动通信系统，是铁路调度通信系统的重要组成部分，其组成包括调度所设备、沿线地面设备、移动电台设备、传输设备。

机车综合无线通信设备（CIR）由主机、操作显示终端（MMI）、送受话器、扬声器、打印终端、天线及连接电缆等组成。

MMI 的按键分为可配置式按键、数字字母输入按键、功能按键和列尾按键。

送受话器：根据不同的安装需求，送受话器分为通用式和紧凑式两种。送受话器配置有两个呼叫按键和一个 PTT 按键。当 CIR 工作在 450 MHz 模式下时，按键“Ⅰ”和按键“Ⅱ”分别用于呼叫“隧道车站”和“平原车站”；工作在 GSM-R 模式下按键“Ⅰ”和按键“Ⅱ”分别用于呼叫“调度”和“车站”。通话过程中，司机需按下 PTT 按键才能讲话。

MMI 在守候状态下的主界面（见图 3-1），从上到下依次分为基本信息显示区、列尾状态显示区、安全预警显示区、工作模式及运行线路显示区、调度通信状态显示区和功能按键显示区六个区域。

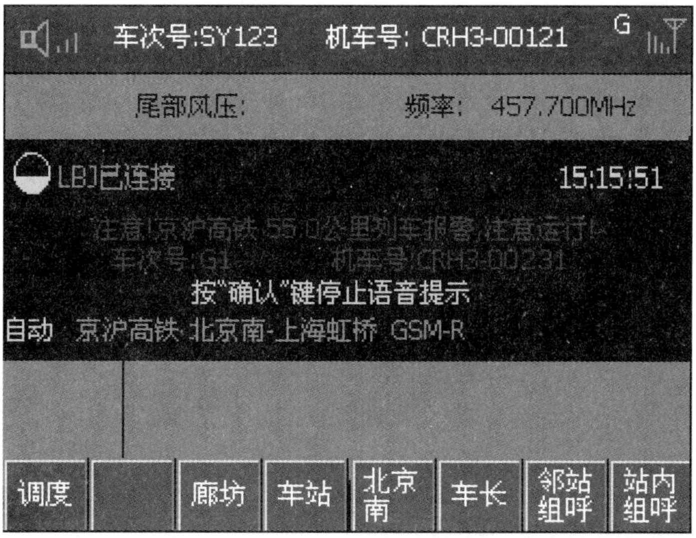

图 3-1　MMI 主界面

基本信息显示区：在这个显示区域，显示内容包括扬声器或听筒的音量、车次号和机车号、GSM-R 话音单元场强信息、GSM-R 数据单元状态等。左侧的图标显示的是扬声器或听筒的音量，在挂机状态下显示扬声器音量，在摘机状态下显示听筒音量。右侧的 GSM-R 话音单元场强信息图标显示 GSM-R 话音单元接收到的网络信号强度。车次号和机车号内容显示为白色时，表示功能号已注册，显示为黑色时表示功能号未注册。车次号获取方式设定为“自动”时，“车次号：”字符为白色字体；车次号获取方式设定为“手动”时，“车次号：”字符为黑色字体。如果 GSM-R 数据单元已获取 IP 地址，右上角显示白色“G”；GSM-R 数据单元处于重启、无接收信号、GPRS 网络附着、PDP 激活等过程时，符号“G”不显示，表示 GSM-R 数据单元不能正常进行 GPRS 数据传送。

列尾状态显示区：此区域显示与列尾相关的各种信息。主要信息包括列尾的连接状态、风压数值等。在与不同制式的列尾配合使用时，显示的内容不同。

安全预警显示区：此区域显示列车安全预警信息。在 CIR 装备有 LBJ 单元时，此区域显示列车防护报警的各种状态提示信息。右上角显示卫星定位状态和当前时间（24 小时制）。卫星定位信息有效时，当前时间显示为黄色；卫星定位信息无效时，当前时间显示为红色。

工作模式及运行线路显示区：此区域显示工作方式、线路名称、运行区段、工作模式等信息。

调度通信状态显示区：此区域显示调度通信的呼出、呼入、通话等状态信息。在 450 MHz 工作模式下，还显示 450 MHz 机车电台的收发状态，发射状态红色实心圆亮表示机车电台的发射机正在发射，接收状态绿色上半实心圆亮表示机车电台接收到异频信号，下半实心圆亮表示机车电台接收到同频信号。

功能按键显示区：此区域用于显示司机可单键发起呼叫的按键名称，在 450 MHz 模式下显示“调度”“隧道司机”“隧道车站”“平原司机”“平原车站”，在 GSM-R 模式下显示“调度”“车长”“邻站组呼”“站内组呼”以及根据列车运行位置显示的车站名称。

【知识链接】

列尾操作

1. 频率选择

确认 MMI 上列尾状态显示区的频率与当前列尾装置主机的工作频率是否一致，若不一致，进入“运行区段”界面选择正确的频率。

2. 输 号

当听到 MMI 发出提示音“××××列尾装置等待确认”，司机判断该列尾装置主机 ID 与本机一致时按下“列尾确认”键，听到“××××机车，确认完毕”表示输号成功。

3. 手动查询列尾风压

按下“风压查询”键，可以主动查询当前列尾风压数据，查询后 MMI 提示“××××机车，风压×××”。

4. 风压自动报警

当 CIR 收到列尾装置主机发送的风压报警信号时，MMI 显示区的风压值变成红色字样并提示“××××机车注意，风压×××”。当风压值恢复正常或司机按下“列尾确认”键后，屏幕字样变回黑色。

5. 电池欠压报警

当 CIR 收到列尾装置主机发送的电池欠压报警信号时，MMI 发出提示音“××××机车，电量不足”，司机按下“列尾确认”键后停止提示。

6. 辅助排风制动

CIR 进行辅助排风制动动作可通过以下两种方法：

第一种方法是持续按下“列尾排风”键 3 s 以上；

第二种方法是按下“列尾排风”键后 3 s 内再按下“列尾确认”键。

按以上操作后 CIR 即向列尾装置主机发送排风命令并提示“××××机车，排风”。列尾主机排风结束后，C1R 会收到一条风压数据，MMI 提示“××××机车，注意风压×××”。

7. 消 号

按下“列尾消号”键，消号成功时播放语音“××××机车，消号成功”。

【案例学习】

案例 3-2：按键操作失效

故障现象：如连续出现按键操作失效的现象。

故障分析：检查 MMI 是否处于主控状态。

判断处理：

（1）如果不是主控状态，按“主控”键 3 s 以上将 MMI 切换为主控状态后再尝试操作。

（2）如果是主控状态，按“复位”键 3 s 以上，对 CIR 整机进行复位重启，待 CIR 重启恢复正常工作后再尝试操作。

三、LKJ-2000 列车运行监控装置

（一）布置任务

整备车间根据计划要求，了解作业准备情况，通知整备人员开始作业。

在开始作业前，整备工长应主动联系整备作业有关人员，了解作业准备情况。指派胜任人员或亲自检查机车、车辆作业情况，确认无误后，方可开始作业。

（二）检查项目

列车运行监控装置：外观检查（有无破损、裂纹）；各按键开关是否正常；主机自检，显示器启动，自检完毕后显示器进入降级显示状态，是否正常。

【知识链接】

LKJ-2000 型监控装置主要由主机、显示屏显示器、压力传感器、速度传感器、常用制动装置、紧急放风阀及连接电缆等组成。

1. 主 机

主机内部由 A、B 两组完全相同的控制单元（分别称为 A 机、B 机）组成，每组有 8 个插件位置。主机后背板上设有电缆连接插座和电源开关。

LKJ-2000 监控记录装置认知

2. 显示器和键盘

显示器由 10 英寸的 TFT 高亮度彩色显示屏、21 薄膜键小键盘和 IC 卡读卡器组成（见图 3-2）。

键盘由 21 个带背光的按键组成，光线变暗时，按键上的字符可自动透光。其中，0～9 的数字键在不同界面中，还具备其他功能，称为复合键，其他键为单功能键。上、下、左、右四个方向键，用于菜单选择和光标移动。

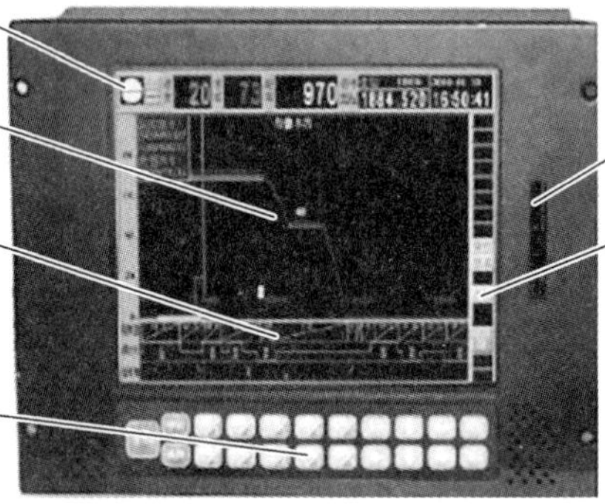

图 3-2　显示器

【知识链接】

列车运行监控装置的功能

1. 监控功能

LKJ-2000 型监控装置能够防止列车冒进、冒出关闭的信号机，同时防止列车超过相应的规定速度以及在列车停车状态下防止列车溜逸。

2. 记录功能

装置能够进行开/关机及参数输入的一次性记录，同时还可以对运行中的参数变化以及事故状态等进行记录。

（1）记录内容。运行中参数记录、时间、线路公里标、距前方信号机距离、前方信号机种类及编号、机车信号/平面调车灯显信息、运行实际速度、限制速度、列车管压力、机车制动缸压力、机车工况、柴油机转速、装置控制指令输出状况、装置报警信息、司机输入操作、设定信息、支线/侧线输入、有效按键操作（如解锁、定标等）、临时限速、临时限速内容、临时限速的控制过程、装置各插件故障信息、开关机记录。

（2）记录时机。符合以下条件时产生一条变量记录：机车信号/平面调车信号发生变化、机车工况发生变化、监控接收的机车信号中的制式信息或过绝缘节信息发生变化、转速变化达到 40 r/min、运行速度变化达到 2 km/h、限速变化达到 2 km/h；动车时，列车管、均衡风缸、制动缸压力变化达到 20 kPa；停车时，列车管、制动缸压力变化达到 40 kPa；电力机车的电流、电压、电功率变化达到记录界限、监控采集到自动过分相装置动作、主断状态发生变化，以及自动过分相预断、强断信号状态发生变化，发生报警、卸载、常用、紧急、故障等时。

3. 显示和警告功能

该装置通过屏幕显示器能够显示列车运行的实际速度曲线、限制速度曲线以及机车距前方信号机距离、信号机种类、公里标以及前方运行线路状况，并通过屏幕显示或语音提示来警告当前列车运行状态。

【案例学习】

案例 3-3：按键操作失效

某年某月某日，某机务段 HXD 型 1001 号机车，乘务员人员担当××—××1005 次旅客列车。列车进××站 1 道停车，由于车站错办进路，出站信号机未开放，车站联控“客车 1005 次，1 道出站信号好了”，司机在未确认信号时盲目发车。在机车信号显示红黄灯的情况下，监控启动停车模式，司机两次实施解锁操作均未成功，造成监控排风停车，停车后距出站信号机仅 33 m。

请分析上述事故发生的原因。

任务 2 LKJ 出入段基本操作

任务引入

出乘时，按担当的区段和客、货列车领取上下行交付揭示，确认交付揭示有效期，机班进行揭示三核对（交付揭示与公布揭示核对，逐条勾划值乘区段相关运行揭示；在LKJ 临时数据文件检验设备上核对写入 IC 卡的数据文件条数和命令号，并与交付揭示勾画的运行揭示逐条核对；交付揭示与出勤调度员逐条核对，填写《机务派班室 LKJ临时数据录入登记簿》，且由双方签字确认）。上车打开机车电源及照明，IC 卡的数据载入 LKJ 后，对照交付揭示核对载入的 LKJ 临时数据文件条数和命令号。

教学目标

1. 知识目标

掌握 LKJ-2000 型列车运行监控记录装置的基本操作。

2. 技能目标

会正确使用 LKJ-2000 型列车运行监控记录装置。

3. 素质目标

树立良好的职业道德，培养学生具备认真负责、安全生产和良好的团队合作精神。

任务实施

一、监控开机

上车打开机车电源及照明后，闭合 LKJ 主机电源开关（在主机后背板上），LKJ 主机进行自检、显示器启动，自检完毕后进入正常工作状态。IC 卡的数据载入 LKJ 后，对照交付揭示核对载入的 LKJ 临时数据文件条数和命令号，发现错误或数据不能载入时及时反馈。

显示器显示：

信号灯状态窗口显示机车当前的信号。

运行速度窗口显示机车当前的运行速度值。

限制速度窗口显示机车当前的限速值。

日期和时间窗口：显示当前的日期及时间。

注：乘务员必须确认显示屏日期、时间显示与实际日期时间相符。

（一）显示屏界面

显示屏显示内容包含机车信号灯、速度等级、速度、限速、距前方信号机距离、当前信号机编号、当前信号机类型、日期和时间，并提供前方 4 km 的线路纵断面，如桥梁、隧道、坡度、曲线以及限制速度曲线、参考操纵的运行速度曲线等信息。

LKJ-2000 监控记录装置人机交互单元

（1）屏幕最上方的数据窗口依次为：机车信号灯、速度等级、速度、限速、距离、信号、里程、日期和时间。

信号灯状态显示窗口：显示机车当前的信号状态，绿灯、绿黄灯、黄灯、红灯、红/黄灯、双黄灯、黄 2 灯、白灯等。

速度等级显示窗口：从上至下有 LC、SD3、SD2、SD1 四种速度等级，亮的部分表示当前所处的速度等级状态。其中，LC 表示绿灯信号状态下的最高速度等级，SD1、SD2、SD3 分别表示速度等级 1、速度等级 2、速度等级 3。

运行速度窗口：显示机车当前的实际运行速度（绿色数字）。

限制速度窗口：显示机车当前的制动（常用或紧急）动作速度值（红色数字）。

距离窗口：显示距离前方信号机的距离（黄色数字）。

信号里程窗口：显示前方信号机的种类、编号和里程。

日期时间窗口：显示当前的系统日期及时间。

（2）屏幕右边为系统状态指示，自上到下依次为：

【故障】：系统与所有单元通信中断时，此灯亮。

【降级】：装置处于降级工作状态时，此灯亮。

【紧急】：装置施行紧急制动时，此灯亮；停车后灯灭。

【常用】：装置施行常用制动时，此灯亮；缓解操作后灯灭。

【卸载】：装置施行卸载动作时，此灯亮；满足加载条件后灯灭。

【解锁】：解锁成功后，此灯亮；4 s 后自动熄灭。

【开车】：参数有效设定完毕，此灯亮；按压【开车】键后灯灭。

【调车】：处于“调车”状态时，此灯亮；退出“调车”状态时灯灭。

【有权】：显示“有权”时本端显示器有操作权；显示“无权”时本端显示器无操作权。

【客/货巡检】：设定完毕后显示当前的客货状态。

客本—客车本务状态；货本—货车本务状态；客补—客车补机状态；货补—货车补机状态。

在按巡检按钮后【巡检】亮 4 s。

【IC 卡】：正确插入 IC 卡后，此灯亮；无卡时灯灭。

【A 机/B 机】：显示“A 机”，表示 A 机为当前工作机；显示“B 机”，表示 B 机为当前工作机。

【支线】：当允许支线输入时亮，输入完毕后显示输入的支线号。

【侧线】：当允许侧线输入时亮，输入完毕后显示输入的股道号码。

【入段】：有效按压【出入库】键，此灯亮；再次按压【出入库】键灯灭。

（3）屏幕左上角显示控制软件和车载数据的版本信息，屏幕中间的窗口为实际速度、限速曲线窗口，同时在背景显示线路上的信号机、道岔、站中心及站名等。

实际速度：以绿色曲线方式显示当前的机车运行速度和刚走行的速度曲线情况。

限制速度：以红色曲线方式显示当前的制动（常用制动或紧急制动）限速值和前方 4 km 以内的限速情况。红色曲线下方允许速度与制动限速值之间用光带显示。

① 运行速度低于允许速度时，光带呈灰色。

② 运行速度在允许速度和解除机车牵引力动作值之间时，光带呈黄色。

③ 运行速度等于或大于解除机车牵引力动作值时，光带呈黄色闪烁。

信号机位置、编号、信号机的状态：以坐标的方式显示前方 4 km 以内的信号机位置、信号机的编号及前方一架信号机的信号显示状态。

站中心及站名：以坐标（垂直线）的方式显示前方 4 km 以内所有站的站中心位置，并用汉字标注对应车站的名称。

机车位置：在整个曲线显示约 1/5 处有一条垂直分隔线（黄色线），表示此处为当前机车位置，同时在速度窗口显示一个列车图标，图标的长度与输入的列车计长成正比。

道岔：以坐标（垂直线加进、出标记）形式显示进、出站的道岔位置。

线路纵断面、线路曲线、道桥隧：在整个屏幕的下方 3 个小窗口显示前方线路纵断面、线路曲线、道口、桥梁、隧道的情况。

里程：在屏幕的最下方显示公里标的变化及走行情况。

参考操纵曲线的显示：预留有参考操纵曲线的显示功能，指导机车乘务员操纵列车。

（二）按 键

1. 双重键定义

同时标有功能和数字的键，在监控状态下作功能键使用，在参数修改状态下作数字键使用。

【巡检/0】：按该键执行机械间巡视记录操作。

【向前/1】：按该键调整滞后误差。

【向后/6】：按该键调整超前误差。

【自动校正/8】：按该键自动调整滞后或超前误差。

【调车/2】：按该键进入或退出“调车”工作状态。

【车位/3】：配合【向前/1】键或【向后/6】键进行距离误差调整。

【进路号/4】：当支线号或侧线号允许输入时，按该键进入“支线号”或“侧线股道号”输入操作状态。

【开车/7】：按该键执行开车对标操作。

【出入库/9】：按该键记录机车出入段时间。

【定标/5】：线路坐标打点记录、LKJ 启动警惕控制时可替代警惕按钮。

2. 功能键定义

【设定】：进入或退出参数设定操作。

【转储】：进行文件转储操作。

【警惕】：降级状态下短时间解除报警用,解除防溜报警等。

【缓解】：常用制动后的缓解操作。

【查询】：进行信息查询操作。

【确认】：参数设定或修改有效，保存退出。

【→】【←】【↑】【↓】键:在参数设定状态或查询状态，按压这些键，可以改变光标的位置。在输入数据等操作中，可以使用【→】【←】【↑】【↓】4 个方向键将光标移动到所需位置，然后用【0】~【9】数字键输入数据，在输入数字时，【←】键作退格键用，用向左键【←】删除前一个字符，最后按压【确认】键确认输入。在输入“客/货车”等有下拉菜单的项目时，按压【↓】键为展开该项目的选单，然后用【↑】【↓】键上下移动光标到所要输入的类型，按压【确认】键选定。

二、换室操作

（1）在降级和调车状态下两端均有操作权，两端显示屏的【有权】指示标识均点亮。

（2）操作显示器进入正常监控状态的一端，具有优先操作权，称有权端，另一端自动失去操作权，称无权端。无权端仅能进行“查询”功能的操作。

（3）需要改变两端的操作权时，需进行“换室”操作。操作方法：机车速度为“0”时，在有权端按压【调车】键，使装置进入“调车”状态，然后在需要得到操作权的显示器上按压【调车】键，退出“调车”状态即可。

注：在有权端未进行“换室”操作，无权端不能进行夺权操作。

三、参数输入与修改

（一）参数设定

列车运行前，必须正确设置司机号、副司机号、区段号、车站号、车次种类、车次编号、列车种类、本/补、车速等级、总重、辆数、计长等列车编组数据。

设定操作分为手动按键输入和IC卡输入两种。

1. 手动按键输入的方法

按压【设定】键，进入参数设定状态界面。通过【→】【←】【↑】【↓】键，移动光标到相应位置，然后通过按数字【0】~【9】键，改变对具体项的设置。如果输入错误，可用【←】键取消光标前一个字符。修改完任一项设置，要按压1次【确认】键使光标移到下一项，也可用4个方向键自由移动光标。

输入列车“计长”时，只需连续输入数字即可，装置自动将最后一位转换为小数位。如输入“435”，装置默认为“43.5”，输入“410”，装置默认为“41.0”；输入“车种”等有下拉式菜单的项目时，按压【↓】键展开菜单，然后按压【↑】或【↓】键选择所要选择的项目，按压【确认】键选定；所有参数修改完毕，将光标移到“确定”位置，按压【确认】键或直接按压【设定】键退出参数设置状态；各项参数输入完成，装置认为有效后，“开车”指示灯亮，并在显示屏的左上角显示始发站的名称。

2. IC卡输入的方法

装置开机后，将写有司机号、副司机号、区段号、车站号、车次以及运行揭示等信息的IC卡正确插入显示屏显示器IC卡插槽内，显示屏右边“IC卡”指示灯点亮。如果“IC卡”指示灯不亮，需检查IC卡是否正确插入，IC卡是否良好。

“IC卡”指示灯已点亮，机车速度为“0”时，按压【设定】键，装置将卡内的各项信息读出，显示屏弹出参数设定对话框，其显示的参数为 IC 卡信息内容。确认相关信息无误后，再次按压【设定】键，退出参数设定窗口，显示屏显示“发送揭示成功”，按压【确认】键退出。装置将 IC 卡内容存储，作为各项控制的基本参数条件。

若 IC 卡内的乘务基本信息与实际不符，可按照手动输入方法修改，修改后按压【设定】键，退出参数设定状态。

（二）注意事项

（1）运行中修改区段号、车站号、车次种类、车次编号时，若机车信号为进行信号必须速度小于 60 km/h（双黄灯时速度小于 45 km/h）才能设定；若机车信号为停车信号必须停车设定。

（2）修改列车种类、本/补状态、车速等级时，须停车设定。

（3）单台机车牵引列车时直接输入列车计长；多台机车牵引列车输入计长时，应为附挂机车计长+列车计长。

（4）若未选择“车速等级”（车速等级窗口中显示空白），按【确认】键或【设定】键时弹出提示框“请选择车速等级”，否则不允许退出设定界面。

（5）使用 IC 卡输入后，装置将刷新存储的揭示信息。机车乘务员必须核对装置载入揭示与交付揭示一致。因此，必须确认所使用的 IC 卡存储的揭示内容是最新和有效的，不得使用空白 IC 卡进行输入操作。

（6）不论使用手动输入，还是 IC 卡输入，设定成功后，在屏幕上方均显示始发站名、车次、区段号、司机号、总重、辆数、计长、车型车号、轮径、车速等级，供机车乘务员核对。

【知识链接】

参数输入的时机

当 LKJ 无控制指令（卸载、常用、紧急）输出且不处于防溜报警状态，满足下列条件之一时允许进行 LKJ 临时控制参数（区段号、车站号、车种、车次、客/货、本/补、编组信息）输入：

（1）机车信号为停车信号或按停车信号控制且列车处于停车状态。

（2）机车信号为 UU 码且列车速度小于 45 km/h。

（3）机车信号为其他进行的信号且列车速度小于 60 km/h。

（4）机车信号为红黄灯（或按照停车信号处理的灭灯、单红灯），手信号引导或特定引导后，列车停车时允许进行参数设定。

（5）机车信号为红黄闪，自动引导后，列车停车时允许进行参数设定。

（6）半自闭区间信号机的红黄灯（或按照停车信号处理的灭灯、单红灯），列车停车时允许进行参数设定。

四、出入段操作

机车出入段，对【出入库】键的操作必须在停车状态下进行，方法如下：

（1）司机在段内出勤，登乘机车后，对装置进行下列操作。

① 开机→读卡→查询司机和副司机号→查询交路号、车站号和车次→逐条查询核对运行揭示；

② 需要时输入出入段车次，按压【出入库】键，使“入段”和“调车”灯点亮；

③ 机车运行至站段分界点停车，按压【出入库】键，确认“入段”灯灭，装置记录出段时分。

（2）列车到达终点站停妥后，进行下列操作。

① 需要时输入出入段车次，或按压【调车】键，点亮“调车”灯；

② 机车运行至站段分界点停车，按压【出入库】键，点亮“入段”灯，装置记录入段时分；

③ 机车入段停车后，及时转储装置记录的列车运行数据文件。

（3）按压 1 次【出入库】键，“入段”或“出段”灯亮，再按 1 次【出入库】键，“入段”或“出段”灯灭。当装置为通常监控状态、调车状态或降级状态，按压【出入库】键，点亮“入段”或“出段”灯时，装置进入出入段监控状态，最高限速为 16 km/h。

任务 3 LKJ 运行途中常规操作

任务引入

列车运行、调车作业中 LKJ 须按规定全程运转，不得擅自关机。安装双套 LKJ 的机车及动车组，应关闭非操纵端 LKJ。机车司机必须严格按照作业标准，根据实际情况准确、及时进行 LKJ 临时控制参数及支线号、股道号输入操作。途中遇设备故障，按程序进行故障处理，不得擅自拆换 LKJ 设备。遇设备故障不能继续运行时，必须严格按《铁路技术管理规程》（简称《技规》）、《铁路行车组织规则》（简称《行规》）等相关规定执行。对列车运行途中发生的设备故障及数据问题，机车司机应将发生的时间、地点、现象记录在《司机手册》，除按规定向列车调度员报告外，应及时向所属机务段机车调度员汇报，机车调度员通知电务部门。机车入段后，机务段组织技术、运用、安全科及检修车间和相关部门组成分析组，配合电务段有关人员共同对故障情况进行检查，判定故障处所，确定责任单位，形成分析报告，分别签字存档，并报机务处。

教学目标

1. 知识目标

掌握运行途中 LKJ-2000 型列车运行监控记录装置的基本操作。

2. 技能目标

会正确使用 LKJ-2000 型列车运行监控记录装置在运行途中操作。

3. 素质目标

树立良好的职业道德，培养学生具备认真负责、安全生产和良好的团队合作精神。

任务实施

一、开车对标

参数修改设定完成后，监控装置进入开车前降级模式状态。列车开车后，当机车经过规定的对标开车基准点时，按压【开车】键，装置调出前方的监控数据，完成“开车”操作，进入通常监控状态，使装置内存储的地面数据同地面基准点同步，此时显示器上方数据窗口显示实际速度、限制速度、距离、前方信号机种类、里程等相应数据，中间图形显示速度、限速曲线和信号机位置，下方显示线路纵断面基础数据。

【知识链接】

列车开车后，在按【开车】键进入通常工作状态之前，装置在降级工作状态，当机车信号为停车信号（含白灯、单红灯）时，速度超过 5 km/h 装置将报警，注意周期按压【警惕】键。

在降级工作状态下，速度超过 10 km/h 时装置语音提示“注意按开车键”。

按【开车】键进入通常工作状态时，若机车信号为双黄灯或白灯，装置立即按侧线出站防止列车过岔超速。

按压【开车】键后，在运行前方的第一架信号机前进行 LKJ 数据确认，发现误差进行“车位调整”。

二、车位调整

（一）手动修正过机误差操作方法

（1）车位向前：出现滞后误差时，在接近信号机位置按【车位】键 1 次，在机车越过信号机时再按【向前】键 1 次，装置清除剩余距离，调出当前分区距离。

（2）车位向后：出现超前误差小于 300 m 时，在接近信号机位置按【车位】键 1 次，在机车越过信号机时再按【向后】键 1 次，装置将重新调用当前分区的距离。

（3）车位对中：当超前误差或滞后误差距离小于 300 m 时，在信号机位置，按压【自动校正】键，不论是滞后还是超前误差，装置自动进行校正。

（二）车位确认

（1）日常的车位确认：按压开车键后，在一离去须进行车位确认，运行途中在半自动闭塞区间进站及自动闭塞区间预告、进站信号机须进行“车位确认”。

（2）非正常情况下的车位确认：当 LKJ 发生“空转”“滑行”“过机不校”时，须在运行前方第一架信号机处进行“车位确认”。

（3）运行过程中发生重新设定或因其他原因导致 LKJ 处于降级状态后，监控数据恢复通常工作状态后，须在运行前方第一架信号机处进行“车位确认”。

【知识链接】

过机误差

信号机之间的距离是地面参数设置的重要数据。列车运行中，显示器距离显示区以不断递减的数据显示距下一架信号机的距离，机车越过一架信号机瞬间显示的距离与机车实际位置的误差。

过机误差

过机误差的分类：

（1）滞后误差：机车越过信号机时距离显示仍有余值，经过一段距离后才显示 0。这种零显示出现在信号机位置之后的过机误差称为滞后误差。

（2）超前误差：机车距信号机还有一段距离，但距离显示值提前进入零显示。这种零显示出现在信号机之前的过机误差称为超前误差。

【知识链接】

（1）【车位】+【向前】/【向后】键两次按键操作应在 3 s 内完成。装置启动停车控制模式后，校正距离误差操作无效。

（2）LKJ 系统对越过信号机 300 m 距离误差手动向后调整无效，手动向前调整不受距离限制。

（3）正常情况下，当机车头部越过地面信号发码点后，监控装置信号机显示区会显示“校正”结果。

（4）正常情况下，在机车越过自闭区段通过信号机、半自闭区段进站信号发码箱（预告信号机附近）2～4 s、双线区段反向运行机车信号上码点，装置自动进行距离误差校正，自动校正的最大误差距离为 300 m。

（5）机车轮径误差、轮对空转、轮对滑行、没按要求对标等都可能导致距离误差累积，应注意在机车越过信号机时修正过机误差。

三、巡检操作

巡检操作记录机车乘务员到机车机械间巡检开始及结束的时间。

（1）巡检开始前，机车乘务员在操作端显示器按【巡检】键 1 次。

（2）机车乘务员巡检到机车另一端，在非操作端显示器按【巡检】键 1 次。

（3）返回到操作端后，再按【巡检】键 1 次，语音提示“巡检完成”，完成 1 次巡检记录。当按压【巡检】键有效时，巡检指示灯点亮，4 s 后自动熄灭。

四、支线号、侧线股道号输入

（一）操作目的

（1）为保证机车在侧线停车时停车位置准确或不超速越过同一车站内，侧向限速较低的道岔，在设置有多侧线的车站进站信号机显示双黄灯时，机车乘务员应在进站信号机前输入侧线股道号。

（2）LKJ 地面线路数据设置有分支，当需调用支线数据时，在机车到达分支地点之前，机车乘务员应输入支线号。

（二）操作方法

1. 侧线股道号输入

在有多条侧线的车站进站信号为双黄灯时，显示器“侧线”指示灯亮，自动弹出“侧线号输入”窗口并语音提示“输入侧线股道号”。正确输入侧线股道号后，按压【确认】键退出。此时，“侧线”指示灯亮并显示输入的侧线股道号。如果不输入侧线股道号，“侧线号输入”窗口 15 s 自动消失。LKJ 以默认的最短侧线距离和最低侧线限速进行控制。如未弹出侧线选择窗口，“侧线”指示灯亮时，可手动按压【进路号】键，根据实际情况进行侧线输入。如果输入错误，可以再次按压【进路号】键，重新输入正确的侧线股道号。

2. 支线号输入

机车接近支线分支地点，显示器“支线”指示灯亮。按【进路号】键，弹出“支线号输入”窗口。利用数字键输入支线号，确认无误后按压【确认】键退出。此时，“支线”指示灯亮并显示输入的支线号。如果输入错误支线号，可以再次按压【进路号】键，重新输入正确的支线号。

在有支线提示输入的地点，不需输入支线号的列车，司机错误输入支线号 LKJ 调出去支线方向的数据时，须按压【进路号】键，在“请输入支线号”窗口输入数字“0”， 按压【确认】键，LKJ 取消已调用的支线数据。

3. 支线号、侧线股道号需同时输入

在同一分区，允许同时进行选择侧线号、支线号操作时，显示屏“侧线”和“支线”指示灯同时点亮，语音提示“输入侧线号”，自动弹出“输入侧线号”窗口；按要求输入侧线号或 15 s 后，才能进行支线选择操作，操作方法是按压【进路号】键，弹出侧线输入在上、支线输入在下的窗口，可进行先输入侧线号的操作，侧线号输入完毕后光标自动移到支线号号输入窗口，再输入支线号，若只输入支线号时，直接按【↓】键，将光标移动到支线输入窗口输入支线号。

二者可一次性输入，也可分别输入。如只需输入其中一项时，用【↑】或【↓】键选择该项，按上述方法输入即可。

（三）输入侧线股道号或选择支线时的注意事项

（1）支线号可以提前一个分区输入，但装置不自动弹出输入窗口，应手动调出支线输入提示窗口。

（2）分区内一旦手动输入过支线号，即使本分区存在自动转移的支线，也不再进行自动转移。

五、进入/退出调车

（一）进入/退出普通调车工作状态

（1）进入：在监控或降级工作状态，机车停车时，按压 1 次【调车】键，进入调车工作状态，“调车”状态指示灯亮。

（2）退出：在调车工作状态下，不论有无速度，按压 1 次【调车】键，“调车”状态指示灯灭，返回进入“调车”工作状态前一工作状态。如有摘挂车辆必须修改“总重”“计长”“辆数”。

（二）进入/退出专用调车工作状态

（1）进入：机车停车时，输入规定的专用调车车次（99991 ~ 99994）时，LKJ 自动进入“专用调车”工作状态。

（2）退出：输入规定的专用调车车次（99991 ~ 99994）范围以外的车次时，LKJ 退出“专用调车”工作状态。

（三）进入/退出平面调车工作状态

（1）进入：接收到平面调车信号，LKJ 自动进入平面调车工作状态。

（2）退出：断开平面调车信号，LKJ 自动退出平面调车工作状态。

六、警惕操作

LKJ 警惕功能通过“进站确认”和“周期警惕”两种方式，实现对值乘司机警醒状态的监测。

（一）进站信号确认

LKJ 在通常工作状态，列车运行途中，当 LKJ 显示器显示的前方信号机为进站、进出站，且次一信号机为出站或进出站信号机时，显示器语音提示“请确认信号”2 遍。

列车越过信号机前，司机要按压 1 次 LKJ 警惕按钮开关（按下并松开），如 LKJ 未检测到按压司机操纵端 LKJ 警惕按钮，则列车越过信号机后，LKJ 启动“警惕控制过程”，显示屏弹出提示窗口，并从 20 s 开始倒计时，倒计时到 10 s 时伴以“呜呜”报警声，倒计时到 0 s 时实施制动控制（报警声持续至制动指令被解除）。在倒计时过程中，检测到下列信息之一时终止本次控制过程。

（1）按压司机操纵端 LKJ 警惕按钮开关。

（2）列车管减压 50 kPa 及以上（以进入通常监控工作状态时的管压为基准）。

（3）制动缸压力大于等于 50 kPa。

（4）机车工况（零位/非零位）状态变化。

（二）周期警惕功能

LKJ 在通常工作状态，列车运行途中，列车速度大于 5 km/h 时，LKJ 启动周期警惕功能；列车速度小于 3 km/h，终止周期警惕功能。

（1）启动周期警惕功能开始计时后，当检测到下列信息之一时停止计时。

① 列车管减压 50 kPa 及以上。

② 制动缸压力 50 kPa 及以上。

（2）启动周期警惕功能开始计时后，当检测到下列信息之一时重新开始计时。

① 列车管减压小于 50 kPa。

② 制动缸压力小于 50 kPa。

③ 机车工况（零位/非零位）状态变化。

（3）若计时达到 120 s，则启动“警惕控制过程”，显示屏弹出提示窗口，并从 20 s 开始倒计时，倒计时到 10 s 时伴以“呜呜”报警声，倒计时到 0 s 时实施制动控制（报警声持续至制动指令被解除）。

（4）在倒计时过程中，检测到下列信息之一时停止报警，清除提示窗口，启动新的警惕周期。

① 按压司机操纵端警惕按钮开关。

② 机车工况（零位/非零位）状态变化。

（5）在倒计时过程中，检测到下列信息之一时停止报警，清除提示窗口，停止计时。

① 列车管减压 50 kPa 及以上。

② 制动缸压力大于等于 50 kPa。

当以上条件不满足时，重新开始计时。

（三）LKJ 警惕控制过程

LKJ 启动警惕控制后，显示屏弹出“警惕”提示窗口，并从 20 s 开始倒计时，到 10 s 时伴以“呜呜”报警声，到 0 s 时实施制动控制。

显示屏弹出“警惕”提示窗口后，LKJ 检测到下列信息之一时，终止本次控制过程（停止倒计时、清除提示窗口、停止报警）。

（1）按压警惕按钮开关 1 次。

（2）列车管减压 50 kPa 及以上。

（3）制动缸压力大于等于 50 kPa。

（4）机车工况（零位/非零位）状态变化。

（四）其　他

（1）实施制动控制的方式。

① LKJ 具备常用制动功能的，发出解除牵引力和常用制动指令（减压量 80 kPa）。

② LKJ 不具备常用制动功能的，发出解除牵引力和紧急制动指令。

（2）LKJ 屏幕显示器【定标】键可替代 LKJ 警惕按钮。

注：LKJ 制动控制指令发出后，必须停车解除。

七、防溜控制及解除

装置的防溜控制分为管压、手柄、相位三种方式，在 LKJ 的通常状态、降级状态、调车状态、20 km/h 限速状态下同时开通使用。

（一）管压防溜控制

（1）满足下列条件之一时，装置启动管压防溜控制，语音提示“注意管压防溜”10 s 后实施紧急制动。

① 客货列车在通常状态下停车后，5 s 内列车管减压量未达到 80 kPa。

② 单机车次在通常状态下停车或其他车次在调车状态下机车停车后，5 s 内列车管减压量未达到 80 kPa 或制动缸压力未达到 80 kPa。

（2）装置启动管压防溜控制，语音提示“注意管压防溜”后，采用下列方法之一，可解除管压防溜控制。

① 追加减压，使列车管累计减压量达到 80 kPa 以上。

② 语音提示时间内按压 1 次【警惕】键。

③ 单机车次或调车状态，可使用单阀，使制动缸压力大于 80 kPa。

（3）若列车缓解后 60 s 不开车，装置将再次启动防溜控制功能，且持续语音提示 90 s 后实施紧急制动。

（4）装置防溜控制制动后，需按压 1 次【警惕】键方可缓解。

（二）手柄防溜控制

（1）在通常、降级、调车和 20 km/h 限速状态下，当机车手柄未发生变化而机车由停车状态动车，速度不小于 3 km/h 或走行距离不小于 10 m 时，装置启动防溜控制功能，语音提示“注意手柄防溜”10 s 后实施紧急制动控制。

（2）装置启动手柄防溜控制，语音提示“注意手柄防溜”后，采用下列方法之一，可解除手柄防溜控制。

① “注意手柄防溜”语音提示后，立即提手柄，使机车加载。

② 语音提示时间内按压 1 次【警惕】键。

（3）装置防溜控制制动后,需按压 1 次【警惕】键方可缓解。

（三）相位防溜控制

（1）在通常、降级、调车和 20 km/h 限速状态下，机车由停车状态动车，且机车移动方向与机车换向手柄的位置相反，速度不小于 3 km/h 或者移动距离不小于 10m 时，连续语音提示“注意相位防溜”，当机车乘务员按【警惕】键应答，暂停语音提示，4 s 后继续语音提示“注意相位防溜”；当机车走行速度不小于 10 km/h 时，继续语音提示“注意相位防溜”。语音提示 10 s 后，若机车乘务员未按【警惕】键应答，装置实施紧急制动控制。

（2）装置启动防倒溜控制，语音提示“注意相位防溜”后，采用下列方法之一，可解除防倒溜控制。

①“注意相位防溜”语音提示后，操纵机车使运行方向和机车换向手柄的方向一致。

② 速度不小于 10 km/h 时，在语音提示时间内按压 1 次【警惕】键。

（3）装置防溜控制制动后，需按压 1 次【警惕】键方可缓解。

八、机车信号故障

（一）机车信号故障判断及处理

（1）运行途中出现下列情况之一可视为机车信号故障。

① 机车信号灭灯、多个灯位显示或数个灯位显示混乱。

② 自动闭塞区段，连续两架区间通过信号机为进行信号，但机车信号显示白灯（单红灯）或红黄灯。

③ 发车进路、出站、线路所通过信号机为进行信号，但机车信号显示白灯、单红灯或红黄灯（固定无码股道除外）。

④ 进站、接车进路信号机为进行信号，机车信号为红黄灯或连续两架不接码（固定无码除外）。

⑤ 机车信号升级显示。

⑥ 机车信号其他异常现象，影响 LKJ 正常工作。

（2）当出现以上现象时，立即停车（避开分相），报告车站值班员、列车调度员，并进行以下检查处理。

① 确认“上下行”开关位置是否正确，并来回切换一次开关位置。

② 机车信号主机设有“试验/运行”开关的机车，确认开关位置在“运行”位。

③ 确认操纵端机车信号机“操纵端”指示灯是否亮。

④ 若列车停在站内，报告车站值班员、列车调度员，发车条件全部具备后，起动列车向前移动 8 ~ 10 m。

⑤ 经以上检查处理后故障现象仍未消除时，进行一次机车信号关机、开机操作（关机后间隔 5 ~ 10 s 开机）。

经应急处置后故障消除，报告车站值班员、列车调度员，恢复运行。

（二）确认机车信号故障后的操作

经应急处置，故障无法消除，若列车停在站内，请求救援；若列车停在区间，报告车站值班员、列车调度员后：

（1）若列车停于自动闭塞区段通过信号机前，将 LKJ 转入随时停车工作状态（20 km/h 限速工作状态）。若列车停在进站信号机、接车进路信号机前，实施 LKJ 引导解锁操作。严格按地面信号机的显示要求操纵列车，并以不超过 20 km/h 的速度运行，到前方站内停车。

（2）在半自闭区间运行至进站信号机前停车，确认地面信号开放后，实施 LKJ 引导解锁操作，以不超过 20 km/h 进站。

注意：在 LKJ 数据设置的进站、进出站信号机前，无法转入随时停车工作状态（20 km/h 限速工作状态）。

九、途中 LKJ 故障

（一）故障判断

运行途中 LKJ 出现以下情况之一时，应选择合适位置停车，报告车站值班员、列车调度员。

（1）系统故障，持续发出“呜呜”报警声。

（2）操纵端显示器无法进行输入，设定等操作或者显示停滞、死机、黑屏、白屏。

（3）LKJ 显示器显示速度频繁跳动影响正常控制或者无速度显示。

（4）其他故障导致不能正常监控，或者影响列车正常运行。

注意事项：带有 LKJ 警惕控制功能的监控装置，迅速以不超过 10 s 的周期按压“警惕”，再选择合适位置停车。

（二）故障处理

报告车站值班员、列车调度员的同时进行应急处置。

1. 监控装置显示器故障应急处理

（1）故障现象：显示器出现死机、显示或语音混乱、黑屏、白屏、IC 卡座等故障现象。（白屏是指显示器有电，但显示器呈白色且无任何显示；黑屏是指显示器无电；死机指显示器显示的信息静止；显示混乱指显示器显示信息混乱或时有时无；IC

卡座故障指文件无法转储、临时慢行无法写入）。

（2）判断方法：如果显示器“故障”标志灯亮伴有报警声，为 LKJ 系统故障；否则到非操纵端确认显示器显示正常，为操纵端显示器故障。

（3）应急处理方法。

① 仅单端显示器故障时，瞬间断电 10～15 s 左右再开机（内燃机车开关主机电源，电力机车在电源控制柜上“监控装置”自动开关）；仍不能恢复，有条件时 Ⅰ、Ⅱ端互换显示器；维持运行。

② 双端显示器都故障时，检查并拧紧主机箱各插头，断电 30 s 以上后重新开机，此时 LKJ 进入降级状态，LKJ 恢复正常，输入就近站车站号等参数，重新对标。

2. 监控主机故障应急处理

（1）立即拨打“110”电话，开关机操作瞬间断电 10～15 s，LKJ 如恢复正常，则可继续运行。

（2）按上述处理后如还不能正常工作，在电务“110”指导下，进行 A/B 机主备切换操作，判断是否正常。

（3）如果监控装置持续发出“呜呜呜”报警声，110 应急人员指挥司机在 3 min 内切断监控装置电源，关机 1 min 后再开机，如恢复正常，在前方站输入参数重新开车对标。

3. 速度信号异常（包括无速度、速度跳变、比实际运行速度高或低）应急处理

（1）运行中显示器报“速度通道故障”或速度显示不正常。人工切换速度通道：按压显示器【设定】键，再按压【4】号键，将光标移动至“确定”，按压【确认】键，人工切换速度通道。如果恢复正常，为主（备）之一速度通道故障，维持运行。

（2）主备速度均无信号输出（显示器 3 个速度均为 0）时，拨打 110 电话，将监控装置主机关机 30 s 后再开机，如果恢复正常，维持运行。

（三）故障消除后的处置

经应急处置后故障消除，向车站值班员、列车调度员报告以下情况。

（1）若 LKJ 未进入降级工作状态，恢复运行，运行时注意调整车位误差。

（2）若 LKJ 已进入降级工作状态，核对 LKJ 设定参数、LKJ 临时数据，开车对标，正确调整距离。

（四）故障无法消除的处置

经应急处置，故障无法消除，向车站值班员、列车调度员报告以下情况。

严格按地面信号机的显示要求操纵列车。在自动闭塞区间列车运行速度不超过 20 km/h；在半自闭区间运行至进站信号机前停车，确认地面信号开放后，速度不超过 20 km/h，运行至前方站内停车处理。

任务 4　LKJ 查询及其他操作

任务引入

列车运行、调车作业中 LKJ 须按规定全程运转，不得擅自关机。机车司机必须严格按照作业标准，根据实际情况准确、及时进行 LKJ 临时控制参数。它将记录 30 min 以内列车的运行状态数据，而记录密度将大大高于监控主机数据记录密度，列车走行距离超过 5 m，将产生一次相关参数的记录。

教学目标

1. 知识目标

掌握 LKJ-2000 型列车运行监控记录装置的查询功能。

2. 技能目标

会正确操作 LKJ-2000 型列车运行监控记录装置进行查询。

3. 素质目标

树立良好的职业道德，培养学生具备认真负责、安全生产和良好的团队合作精神。

任务实施

一、LKJ 查询操作

按压【查询】键，显示器弹出“查询选择”对话框。将光标移到相应查询项目上按压【确认】键，或直接按压查询项序号对应的数字键，显示相关信息数据。查询相关信息数据后，按【确认】键可关闭查询窗口。

（一）查询当前揭示

操作目的：显示机车前方 4 km 内的揭示。

操作方法：在“查询选择”窗口，利用光标移动键将光标移到[当前揭示]按钮，然后按压【确认】键，或直接按压数字键【1】。屏幕弹出“揭示信息查询”窗口，当没有揭示信息时，显示“禁止查询”。

（二）查询全部揭示

操作目的：查询显示全部揭示。

操作方法：按压【查询】键进入查询显示状态，将光标移到[揭示信息]按钮，然后按压【确认】键，或直接按压数字键【3】，屏幕弹出“揭示信息查询”窗口。窗口显示全部揭示信息，当没有揭示信息时，提示“禁止查询”。

（三）揭示的筛选

操作目的：查询输入的全部揭示中与某条工务线路相关的揭示，此时只想查询该条工务线路揭示时，可使用揭示的筛选功能。

操作方法：机车速度为“0”，按压【查询】键进入“全部揭示”查询状态，将光标移至“全部揭示”位置，按压【确认】键，或直接按压数字键【3】，显示屏显示装置存储的全部运行揭示信息。将光标移动到“4 筛选”上，按【确认】键，进入揭示筛选界面。通过按压【→】【←】【↑】【↓】键，将光标移至所列的工务线路上，按【确认】键选中所要查询的线路，将光标移至“确认”上，按压【确认】键，即可查询选中的工务线路的有关揭示。

注：屏幕上的揭示显示，底色为白色的是正常的揭示，底色为绿色的是已经越过的揭示，底色为红色的是已经解锁或过期的揭示。

（四）工况查询

操作目的：查询柴油机转速（原边电流）、列车管、均衡风缸、制动缸压力、工况、通道速度等数据。

注：当前使用的速度通道显示绿色，备用通道显示灰色。

操作方法：在“查询选择”窗口，利用光标移动键将光标移到[工况显示]按钮，然后按压【确认】键，或直接按压数字键【2】。此时在屏幕右上角弹出“工况信息”窗口。这个显示窗口将一直存在，直到再次按压【确认】键才消失。

（五）设备状态

操作目的：查看设备的工作状况。

操作方法：在“查询选择”窗口，利用光标移动键将光标移到【设备状态】按钮，然后按压【确认】键，或直接按压数字键【4】，屏幕弹出系统当前各模块工作状态和故障状态指示。查询结束后，按压【确认】键返回。

除未装有“黑匣子”“扩展功能盒”和单端机车仅装有 1 个显示器外，设备正常时不应出现红色显示。

（六）检修参数

操作目的：查看机车号、柴油机脉冲、双针表量程等参数。

操作方法：在“查询选择”窗口，利用光标移动键将光标移到【检修参数】按钮，然后按压【确认】键，或直接按压数字键【5】，屏幕弹出系统当前检修参数。内容包括装置号、机车型号、柴油机脉冲、轮径、制动机、最大总重、最大辆数、最大计长、双针表量程等。查询结束后，按压【确认】键返回。

（七）设定参数

操作目的：查看设定参数。

操作方法：在“查询选择”窗口，利用光标移动键将光标移到【设定参数】按钮，然后按压【确认】键，或直接按压数字键【6】，屏幕弹出系统当前设定参数。内容包括司机号、副司机号、区段号、车站号、车次、车速等级、总重、计长、辆数以及编组信息等。

（八）“呼叫地面”试验

操作目的：进行车载无线传输设备通话试验。

操作方法：在“查询选择”窗口，将光标移至“呼叫地面”位置，按压【确认】键，或直接按压数字键【9】，显示屏弹出“呼叫项目选择”窗口，按压相应的按键选择呼叫项目，可分别进行:① 呼叫本段，② 呼叫调度，③ 呼叫前方调度，④ 挂断，⑤ 测试等试验。测试完毕自动返回。

二、LKJ 其他操作

（一）制动试验

操作目的检查监控装置工作状态和制动输出状况，包括对 A 机和 B 机常用制动和紧急制动试验。

操作方法：当机车速度为零时，按压 1 次【查询】键，进入“查询选择”对话框。将光标移到“库内试验”上按压【确认】键或直接按压数字键【7】，弹出库内试验窗口，直接按压相应的数字键进行制动试验，试验结束后，按压【0】键退出。按钮上的 A 和 B 表示“A 机”和“B 机”。

（二）键盘检测

操作目的：检查显示面板上各按键作用是否良好。

操作方法：当机车速度为零时，按压 1 次【查询】键，进入“查询选择”对话框，将光标移到“库内试验”上按压【确认】键或直接按压数字键【7】，弹出库内试验窗口，将光标移到“键盘检测”按钮，然后按压【确认】键，或直接按压数字键【6】屏幕弹出键盘检测接口，下方为各按键的图形。按压相应的按键，显示器幕对应按键的颜色由浅变深，表示该按键作用正常；若按键颜色不变，则说明该按键或按钮作用不良。查询结束后，将光标移至“确认”按钮后，再次按压【确认】键。

（三）显示器亮度调整

在正常监控状态下，用【↑】、【↓】方向键可以调整屏幕亮度，按压【↑】键增加亮度，按压【↓】键减小亮度。

（四）音量调节

在正常监控状态下，用【→】、【←】方向键可以调整显示器的语音音量，按压【→】键增加音量，按压 【←】 键减小音量。

（五）使用 IC 卡转储数据

转储步骤：插入 IC 卡→按【转储】键→选择转储文件→按【转储】键，具体操作如下：

（1）当机车速度为零时，将 IC 卡插入显示器 IC 卡插槽，显示器中“IC 卡”指示灯亮。

（2）按【转储】键，2～3 s 后进入文件查询/选择窗口。

屏幕下边是功能选择按钮，将光标移到相应按钮上按 【确认】键（或按功能按钮指示的数字键），就可以执行相应的功能。屏幕上边为文件目录栏，绿色的文件是已经转储过的文件，蓝色是选中的文件。目录栏下方有一个滚动条，指示目前显示的位置。功能按钮依次如下：

【1 选择挡】：进行手工文件选择，此时文件目录栏内出现一个光标条，可以用 4 个方向键移动光标条到需转储挡，按【确认】键选中该挡。选中后光标条移到下一个挡，同时选中挡变成蓝色。如果想取消已经选中的文件，只须光标条移到所选文件，再次按【确认】键即可取消该挡的选择。

【2 选择未转文件】：选中全部尚未转储过的文件。

【3 全部选择挡】：选中全部文件。

【4 撤销选择挡】：撤销全部选择。

【6 开始转储挡】：开始转储选择的文件到 IC 卡。

【7 无线转储文件】：安装无线传输设备的机车，开始通过无线传输设备传输到地面计算机。

【8 卡上文件】：查看 IC 卡上的文件目录。

【0 返回】：退出转储窗口。

（3）选中要转储的文件，将光标移到【开始转储】，按【确认】键（或直接按【6】键）开始转储。在转储过程中，会弹出一个指示转储情况的窗口，上面是当前正在转储的文件名，下面的两个进度条分别指示整个转储的进度、当前文件进度。转储完毕会出现“转储成功”或“转储失败”的提示，按压【确认】键返回文件选择窗口，此时可以选择退出或继续进行下次转储。

快速转储：机车速度为零，插入 IC 卡，按【转储】键，然后再按【转储】键，装置自动将未转储过的文件转入 IC 卡。

（六）定标操作

在机车运行中，按压【定标】键，监控装置记录此刻的公里标及时间，作为运行记录数据分析处理时查找的标记。

在司机警惕功能中，【定标】键起到与“警惕按钮”相同的作用。

（七）卸载指令及常用制动缓解的操作

（1）列车运行中，机车监控装置发出“常用制动”指令时：

① 如列车在固定模式限速下运行，当实际速度低于固定模式限速值 5 km/h 时，提供常用制动缓解条件。

② 如列车在减速信号或减速地点前运行，当实际速度低于目标限速后，提供缓解条件。

③ 如列车在停车的制动模式曲线下运行，列车停车后提供缓解条件。操作方法是按压【缓解】键缓解列车。

（2）监控装置执行卸载指令后，当速度差值（常用固定模式限速 – 实际速度）为 3 km/h 时，自动撤销卸载指令。

任务 5　机车车载安全防护系统（6A 系统）操作

任务引入

安全监测设备中 6A 系统是针对机车运行过程中危及行车安全的重要事项、重点部件和部位，形成的系统性、平台化的安全防护装置，用于提高防范机车安全事故的能力。通过机车车载安全防护系统的学习，掌握包括机车空气制动安全监测、防火监控、高压绝缘检测、列车供电监测、走行部故障监测、自动视频监控及记录 6 个子系统和中央处理平台的组成与功能，掌握 6A 系统的操作使用方法。

教学目标

1. 知识目标

掌握机车载安全防护系统（6A 系统）的组成与功能。

2. 技能目标

会操作 6A 系统高压绝缘检测箱，掌握机车出库前机车乘务员对 6A 系统检查项目及检查步骤。

3. 素质目标

树立良好的职业道德，培养学生具备认真负责、安全生产和良好的团队合作精神。

任务实施

一、6A 系统的组成及功能

机车车载安全防护系统（简称 6A 系统）由中央处理平台和 6 个子系统构成。6 个子系统包括机车空气制动安全监测子系统、机车防火监控子系统、机车高压绝缘检测子系统、机车列车供电监测子系统、机车走行部故障监测子系统、机车自动视频监控及记录子系统。中央处理平台对各子系统进行数据集中、数据管理，并通过数据库进行综合分析。各子系统遵照统一的 6A 系统通信协议与中央处理平台通信。最终实现统一功能接口、统一数据存储、统一安装方式、 统一人机界面、统一维护操作的目的。

中国机车远程监测与诊断系统（CMD 系统）是机务信息系统的核心子系统，是机务车载数据及安全信息的集成、车地无线传输平台。它采集、处理和传输 TCMS、6A 系统、LKJ 等车载设备运行记录信息及故障信息，提供机车定位、实时状态数据监测、实时故障报警、远程诊断、视频点播、机车电子履历管理、专家支持系统、信息共享和功能接口等功能。CMD 系统由车载子系统、数据传输子系统和地面综合应用子系统组成，并符合 CMD 系统总体及各子系统技术规范的规定。

6A 系统以 CMD 系统作为传输平台，与车载微机系统、列车运行监控系统共同构成机车数据源（见图 3-3）。

6A 系统的功能包括监控功能（制动监测、防火监控、高压绝缘检测、列车供电监测、走行部监测、视频监控）、综合诊断、数据存储、音视频显示、车地通信（使用 CMD）。

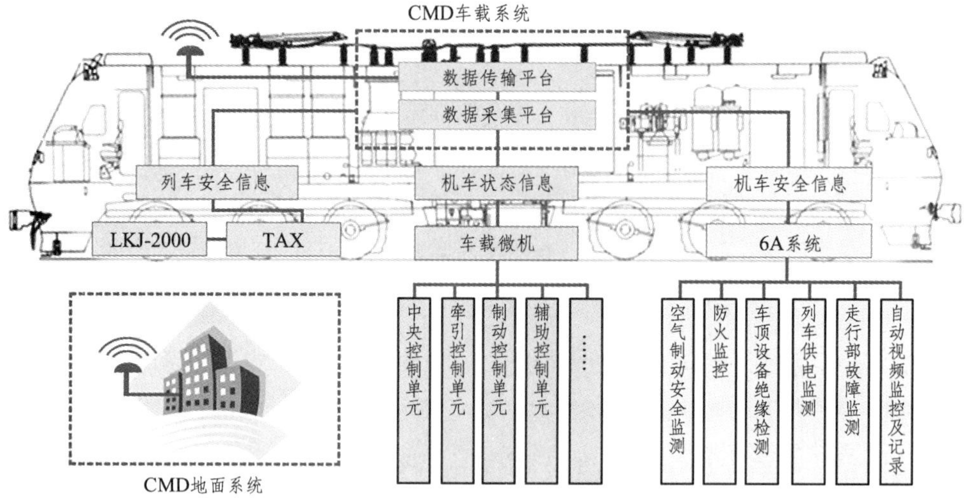

图 3-3　CMD 系统作为传输平台

（一）中央处理平台（CPP）

中央处理平台主要功能有综合处理报警、安全信息存储、人机交互界面、平台统一供电、实时网络传输、双处理器冗余工作、监测子系统可扩展。

（二）机车空气制动安全监测子系统（ABDR）

机车空气制动安全监测子系统由制动监测板卡（AB）、列车管压力传感器、停放缸压力传感器和均衡缸压力传感器组成。

机车空气制动安全监测子系统的主要功能是对列车折角塞门非正常关闭进行监测，对机车停放制动的非正常施加进行监测。预防列车因折角塞门关闭、制动失灵引起的行车事故的发生，预防机车意外带闸事故的发生。

当列车运行中，制动监测板卡从 CAN 总线获取速度和停放制动模块状态，如果监测到停放制动缸压力下降或停放施加，将及时报警。

制动监测板卡从 CAN 总线获取列车管充风流量、机车工作模式（客/货/本/补）和车辆数，同时利用列车管压力、均衡缸压力缓解的过程信息综合判断列车折角塞门是否关闭。发生列车折关报警，乘务员应根据列车缓解及制动情况再次进行确认，若列车缓解及制动确实存在问题，按照防折关规定进行处置和报告。

（三）机车防火监控子系统（AFDR）

机车防火监控子系统主要部件包括防火监控板卡（AF）和多个火情探测器。

机车防火监控子系统主要功能是火灾报警、火情可视。在司机室、机械间等处布设烟温复合探头，在地板线槽内布设感温电缆，监测车内司机室、机械间等处温度、烟雾变化，预防机车电气、油气起火事故的发生。

6A 系统开机运行后，防火监控子系统进行自检，自检的状态信息显示在 6A 系统的音视频显示终端上，同时设备的状态指示灯也会有所反映。自检成功后，系统进入正常运行状态，并实时将系统的监测数据发送给 6A 中央处理平台，显示在音视频显示终端，也可有声音报警。系统正常时不显示。

（四）机车高压绝缘检测子系统（AGDR）

机车高压绝缘检测子系统由绝缘检测箱、绝缘检测板卡和通信连接线组成。

机车高压绝缘检测子系统主要功能是升弓前对机车高压绝缘状态进行确认、记录高压绝缘测试数据，防止因为盲目升弓而引起接触网烧损。

车顶绝缘检测的功能：

（1）检测车顶高压部件的绝缘状态。

（2）设备自身的短路保护。

（3）有网压时自动锁闭检测功能。

（4）升弓状态下自动锁闭检测功能。

（5）系统配备钥匙开关，控制系统检测功能的启动。

（五）机车列车供电监测子系统（APDR）

机车列车供电监测子系统包括 AP 板卡和漏电流监测模块。AP 板卡通过 485 通信线与列车供电控制柜及漏电流检测模块通信，获得列车供电柜（列供柜）的电压、电流信息、系统的漏电流值等后，与中央处理平台（CPP）提供的客车车次、机车号、机车所处地理位置等信息融合后产生系统级的列供诊断信息发送给中央处理平台。

机车列车供电监测子系统主要功能是接地诊断（漏电流检测）、对机车及后部列车供电状态进行监测、列车供电状态及故障记录。可在机车出库、挂车、运行过程中对列车供电状态进行实时监测，实现列车供电系统故障分析和报警功能。

列车供电检测的功能:

（1）接地诊断。

（2）供电统计。

（3）定时保存列供柜的运行状态信息。

（4）输出电压波动时列供柜运行状态信息保存。

（5）列供柜内部故障监视。

（6）关键状态量监视记录。

（六）机车走行部故障监测子系统（ATDR）

机车走行部故障监测子系统一由走行部监测板卡 1（AT1）、数据前置处理器、传感器等部分组成。

机车走行部故障监测子系统一通过传感器采集轴承温度、振动冲击数据；齿轮、踏面振动冲击数据；机车车轴转速数据，数据前置处理器对采集数据进行预处理后，传输至走行部监测板卡 1，走行部监测板卡 1 对数据进行诊断分析，并将诊断结果和过程数据通过 6A 系统主机内部总线传送至 6A 系统的中央处理单元（CPP）。

机车走行部故障监测子系统二由走行部监测板卡 2、接线盒、传感器、连接线缆等部分组成。

走行部故障监测子系统二通过传感器采集机车振动加速度数据，将采集数据传输至走行部监测板卡 2（AT2），走行部监测板卡 2 进行诊断分析后，将诊断结果和过程数据通过 6A 系统主机内部总线传送至 6A 系统的中央处理单元（CPP）。

机车走行部故障监测子系统主要功能是对走行部轴承温度和受到冲击监测。通过振动谱分析，检测走行部轴箱轴承、电机轴承和踏面的早期故障，以降低走行部事故的发生的可能。

（七）机车自动视频监控及记录子系统（AVDR）

机车自动视频监控及记录子系统主要由多个摄像头、视频采集板卡（AV1、AV2）、视频处理板卡（AV3）组成。

机车自动视频监控及记录子系统主要功能是监控路况、司机室、机械间等处的视频图像，实现与防火系统的联动视频图像存储和调用分析。通过记录司机操作、运行路况、机械间图像等，辅助进行事故分析。

视频监控子系统只报摄像头故障，6A 系统的音视频显示终端主界面会出现文字和语音报警。不会影响机车正常运行，不需要司乘人员进行任何干预，机车运行完交路回到库内时，通知相关人员进行摄像头更换即可。

二、6A 系统操作使用

（一）6A 系统的操作界面使用

司机上车后，将 6A 系统的电源空开（QA64）闭合。司机台左侧的音视频显示终端会启动，并进入 6A 系统界面。

先点击一下屏幕，会在屏幕的下方显示操作界面按钮，此时可选择下列任意项操作。

点击【监控数据】→【制动】按钮，显示速度值和风管压力值。

点击【监控数据】→【防火】按钮，显示传感器和火灾报警。

点击【监控数据】→【绝缘】按钮，检测时显示检测电压值。

点击【监控数据】→【列供】按钮，显示列供状态及电压电流值。

点击【监控数据】→【走行 1】按钮，显示所有轴位的温度值。

点击【视频监控】显示各个通道的视频图像。

点击【故障记录】→【本次上电】，显示本次开机后发生的故障信息。

点击【故障记录】→【历史故障】，显示历史曾经发生的故障信息。

（二）高压绝缘检测箱的使用

高压绝缘检测装置操作时，会在车顶受电弓部分加载 25 kV 的试验高电压，所以操作前必须确认处于安全状态，即无论处于库内还是在线运用，必须确认机车处于降弓停车、主断路器断开、高压连接器连接状态，并必须确认机车车顶无人操作并锁闭车顶门。

1. 开机自检

将机车蓝钥匙插入绝缘检测功率箱前面板的钥匙孔，顺时针方向旋转，打开电源。

自检指示灯闪烁，表示正在自检，以确定本装置是否能正常工作。

10 s 后自检完成，如果装置功能正常，此时外网无电且无电钥匙信号输入，将显示“自检成功”，同时自检指示灯熄灭。只有在此状态下才能进行机车车顶绝缘检测。

如果装置功能不正常，或者此时外网有电，或者有电钥匙信号输入，将显示“系统自检故障：功率模块故障”，或“外网有电”，或“电钥匙开”。同时，相应的指示灯常亮，在此状态下不能进行机车车顶绝缘检测，直到排除联锁故障后方可进行下一步。

自检后的结果将通过 CAN 总线传送给 6A 中央处理平台。

2. 绝缘检测

当满足绝缘检测启动的条件（自检成功、外网无电、机车电钥匙关）时，按住绝缘检测功率箱前面板上的“出库检测”或 “运行检测”按钮，2 s 后将启动绝缘检测，显示“出库检测中”或“运行检测中”，同时绝缘检测指示灯闪烁。此时，界面上将实时显示当前输出的电压及模式。

30 s 后，绝缘检测完成，显示“出库检测完毕”。此时“绝缘状态”栏显示当前机车车顶的高压绝缘状态，如果为“正常”说明此时机车车顶绝缘状况良好，同时绝缘检测指示灯熄灭，可以升弓；如果为“报警”，则表示机车车顶高压绝缘性能下降，此时绝缘检测指示灯常亮并发出报警声，进行相应的处理后才能升弓。

绝缘检测中及检测完成时的数据将通过 CAN 总线实时传送给 6A 中的中央处理平台，6A 中央处理平台并对绝缘检测结果进行保存。

测试完毕后将蓝钥匙打至“关”位并取下蓝钥匙，检测装置此时处于断电状态。

按照《绝缘检测操作说明》进行高压绝缘检测，见表 3-1。

注：6A 系统的任何报警都不会控车。

表 3-1　绝缘检测操作说明

检测频率	1. 发生弓网故障或车顶高压设备故障，按程序在对故障检查处理后，必须进行车顶绝缘检测。 2. 途中发生接触网跳闸、停电或机车网压为零停车检查处理后，必须进行车顶绝缘检测。 3. 车顶高压设备缠绕异物，在清除异物或采取高压隔离相应端受电弓后，必须进行车顶绝缘检测。 4. 库内停留机车在首次升弓前，必须进行车顶绝缘检测。 5. 对电力机车车顶进行检修、检测后的机车在转入有电区前，必须进行车顶绝缘检测
环境要求	打雷、闪电等极端恶劣天气，不得进行检测
检测要求	1. 机车电钥匙处于断开或拔出状态。 2. 机车顶部及地沟无人,天窗处于关闭状态。 3. 除照明和系统外，其他负载全部关闭
检测方法	1. 将控制气路柜上的蓝钥匙插入系统主机绝缘检测板卡钥匙孔中，打到“开”位。 2. 按“出库检测”按钮，板卡屏幕会显示检测电压及结果。 3. 检测完毕后，将蓝钥匙打到“关”位，并拔出，放回原位

续表

报警处理	如遇到异常或绝缘报警，请将蓝钥匙打到“关”位，至少 5 s 后再重新将蓝钥匙打至“开”位，按照测试要求重新进行检测，以便确认检测结果；如最终确认绝缘低于报警阈值，绝缘检测装置处于报警状态，此时不得升弓

（三）数据下载

机车运行一个交路回到机务段以后，需要将运行过程中存储的过程数据下载，并导入到“6A 地面专家系统”中。进行数据查看分析，指导检修。

（1）将中央处理平台数据下载数字证书“license”文件，放入 U 盘的根目录下即可。下载时需确认下载的时间天数。

（2）将 6A 系统加电，待 CPU 板卡显示出版本信息和时间信息后表示系统启动完毕。

（3）将被授权的 USB 硬盘插入 CPU1 板卡前面板的 USB 插孔中，被插入 USB 硬盘的 CPU 板卡液晶屏显示“CPU 下载……下载天数”字样。

（4）当 CPU 板卡液晶屏显示“CPU 下载……完成”时，即可拔出 USB 移动硬盘，下载完毕。（30 天的数据 10 min 内即可下载完毕）。

（四）机车乘务员作业要求

（1）机车出库前乘务员、整备检测人员必须签字确认《6A 系统检测合格证》，否则不得出库。

（2）乘务员库内出勤接车后，需首先打开闭合机车蓄电池电源，进行 LKJ 参数设置等作业。

（3）机车乘务员在对机车检查的同时，需对 6A 系统设备外观进行检查，发现设备不良时，立即通知整备相关作业人员。

（4）机车乘务员机车检查完毕首次升弓出库前，必须进行受电弓高压检测。

（5）机车乘务员对 6A 系统的检查范围，见表 3-2。

表 3-2　机车乘务员 6A 系统出库检查范围

一、设备设施检查		
序号	项目	备注
1	各设备设施检查（6A 系统显示屏、摄像头、火情探测器等）	摄像头镜面无破损、各设备设施无划痕等异常现象
2	受电弓高压检测	检测方法及注意事项见“高压绝缘检测箱的使用”

续表

<table>
<tr><td colspan="3">二、界面检查</td></tr>
<tr><td>序号</td><td>项目</td><td>备注</td></tr>
<tr><td>1</td><td>闭合6A系统和监控系统的电源自动开关，音视频显示终 端启动，进入系统主界面，主界面应显示“当前无报警”，如右图所示</td><td>
</td></tr>
<tr><td>2</td><td>手触主界面一次后，屏幕下方应显示“主界面”“监控数据”“视频图像”“故障记录”“系统设置”5个界面按钮，如右图所示</td><td>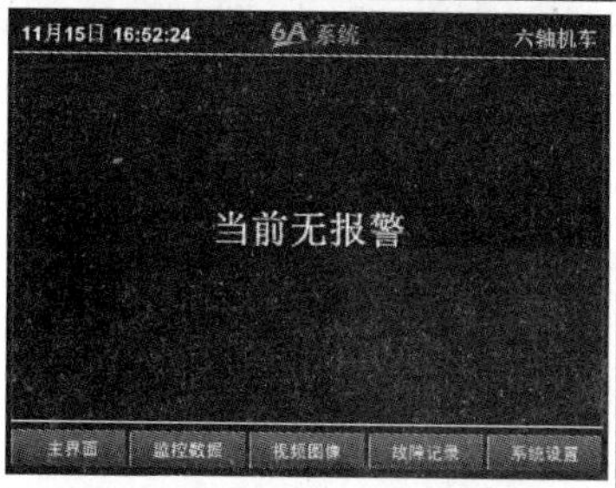
</td></tr>
<tr><td>3</td><td>检查“故障记录”中“本次上电”“历史全部”“漏电记录”信息，根据故障提示对相应部位进行检查处理</td><td>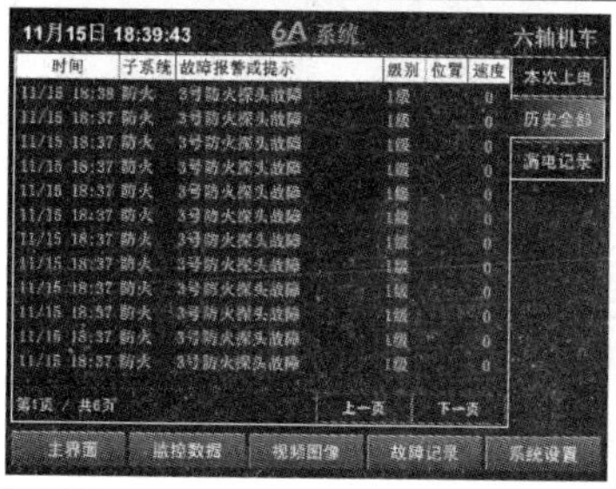
</td></tr>
<tr><td colspan="3">三、折关功能试验</td></tr>
<tr><td colspan="3">出库前单机折关试验：
1. 在LKJ中输入如下编组信息：辆数：20；换长：240；选择“货车、本务、开车”模式。观察6A音视频显示终端上列车辆数与LKJ输入信息是否一致。
2. 机车充风至定压稳定后，当前状态会显示为“充排风结束”，自阀减压50 kPa以上，6A音视频显示终端上显示贯通辆数应在5辆以下。
3. 机车再次充风，当前状态显示为“充风排风中”，“当前流量”为充排风时的流量数据，其数据随充排风的进程逐渐减小，充排风结束时降为0~5，当前状态显示为“充排风结束”，贯通辆数显示应在5辆以下</td></tr>
</table>

（6）机车乘务员在库内制动机完毕后，须进行单机折关功能试验，将本次试验数据作为列车途中运行时列车制动管贯通检查的一项参考依据。

（7）机车运行途中6A系统必须全程运转，不得擅自关机。

（8）机车运行中遇6A系统某系统出现故障时，须及时通知技术专业人员，向技术科专业人员提供准确真实的故障信息，并按其指导进行处理。

（9）机车运行中遇6A系统某子系统或部件出现故障时，机车乘务员须准确真实地将故障信息及发生故障的具体时间、处置方法填写在《机车行车日志》中，以便于机车入段后，整备人员进行检修处理。

（10）机车在继乘站及运行途中发生 6A 系统主机故障时，可以关闭系统（某子系统故障但不影响整体系统时除外），途中加强检查各子系统监测部件的状态，机车回段后及时填写《机车行车日志》报修。

注：高压绝缘检测装置检测时机，按照“三必须、一严禁”要求执行，凡经检测试验发现高压绝缘报警的，严禁升弓。

【课后作业】

1. 简述机车三项设备检查的方法。
2. 简述 LKJ 出入段基本操作检查顺序。
3. 简述 LKJ 运行途中常规操作。
4. 如何进行 LKJ 查询操作?
5. 简述机车车载安全防护系统（6A 系统）操作要求。

项目 4　CCB-Ⅱ制动机性能试验

【项目导学】

电力机车制动系统是机车系统的重要组成部分，其性能的好坏直接影响机车的运行。机车运行时制动系统不可避免地会出现各种故障，结合各综合作用状态下制动系统的工作原理，实现制动系统的故障诊断对行车安全意义重大。制动机的性能检查试验，主要用来检查制动机的各项作用是否正常。它通过自动制动手柄、单独制动手柄在各工作位置间的顺序转换，同时观察压力表指针的变化情况，来分析、判断制动机及其各部件是否处于良好状态。制动机性能检查试验根据操作内容不同分为常用制动试验、紧急制动试验、贯通试验及五步闸试验等。

【本项目学习思维导图】

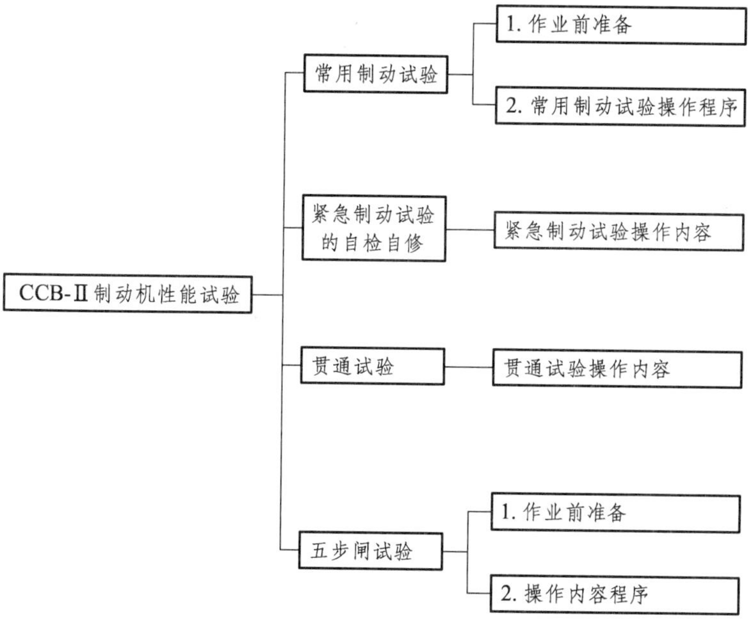

任务 1 常用制动试验

任务引入

CCB-Ⅱ制动机检查试验计划已发，机车乘务员按照相关的操作要求及流程（见图4-1）分别完成 CCB-Ⅱ制动机常用制动试验、紧急制动试验、贯通试验（途中）及五步闸试验内容。

? 请思考：制动机试验基本操作流程如何进行？

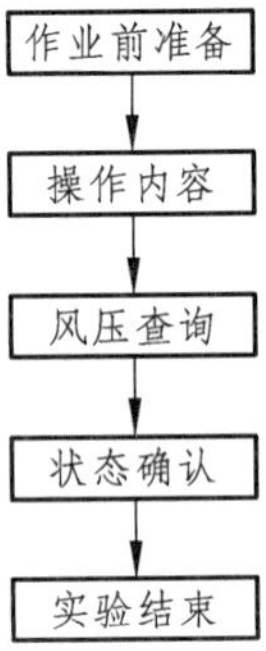

图 4-1 CCB-Ⅱ制动机试验作业流程

教学目标

1. 知识目标

根据制动机试验要求，确认机车乘务员作业准备完毕，按照操作作业流程最终完成制动机常用试验作业任务。

2. 技能目标

能在作业前检查机车状态、防溜措施、制动显示屏相关参数的设定、阀门位置及手柄位置作业等情况；能正确读取相关的压力值，并且根据压力值判断制动机性能。

3. 素质目标

认识机车常用制动试验对行车运行安全的重大意义：树立爱岗敬业、遵章守纪、认真负责的铁路工匠精神。

任务实施

一、作业前的准备

CCB-Ⅱ制动机试验前检查

（一）试验前的检查

（1）LCDM 制动显示屏初始化正常，模式设置为本机、货车、不补风、管压 600 kPa。必须设置停车制动或在车轮下放置止轮器防止机车移动，缓解弹停制动装置，确认弹停指示灯熄灭，弹停指示器“绿”色。

（2）确认机车总风缸风压不能小于 750 kPa，均衡风缸、制动管压力为 600 kPa，制动缸压力为 0 kPa。

（3）检查总风缸截断塞门（A24）打开、总风缸 4 个排水塞门（A12）关闭。

（4）检查制动系统两端制动管塞门（B81）关闭、两端总风管塞门（B80）关闭、两端平均管塞门（BB94）关闭，紧急制动模块上制动缸截断塞门（Z10.22）打开。

（5）确认自动制动阀手柄在“重联位”、单独制动阀在“运转位”。

【知识链接】

LCDM 制动显示屏的功能

LCDM 制动显示屏：制动显示屏位于司机室操纵台左侧，制动显示屏是 CCB-Ⅱ制动机的主要显示和操作装置。它由 10.4 英寸液晶显示器，下方 8 个功能键和左侧 3 个亮度调节键组成。功能键用来实现操作菜单的选择及制动功能的锁定。

主要功能：

（1）制动屏在机车正常操作时，实时显示了均衡风缸、制动管、总风缸和制动缸的压力值，也实时显示制动管充风流量和空气制动模式的当前状况。

（2）实时显示制动管充风流量和空气制动的当前模式。

（3）实时显示制动机故障信息，并将其记录。

（4）通过显示屏还可以对制动机各模块进行自检，可以进行本机/补机、均衡风缸压力设定，制动管投入/切除、客车/货车、补风/不补风、风表值标定、故障查询等功能的选择和应用。

本机的设置方法

1.设置前的必备条件

（1）大小闸全制位停车。

（2）制动显示屏有文字提示时，必须完成提示要求。

（3）此时【F1】上方显示“DP”、【F3】上方显示“电空制动”、【F7】上显示“显示信息”。

2.设置本机位

（1）按【F3】键，当前设置显示各种状态，确认操纵端（如为非操纵端时）。

（2）按【F4】键，设置为操纵端，再确认投入（如为切除时）。

（3）按【F5】键，设置为投入。

（4）按【F1】键，新设置显示 600 kPa、操纵端、投入、货车、不补风。

（5）按【F1】键，当前设置显示同上。

（6）按【F8】退出（清空故障显示栏），此时流量表上显示“本机”。

二、常用制动试验操作程序

（一）常用制动试验前的工作内容

常用制动试验前的工作内容见表 4-1。

CCB-Ⅱ制动机制动试验

4-1　常用制动试验前工作内容

序号	操作程序与简约说明	LCDM 制动显示屏信息
1	闭合蓄电池自动开关（QA61）；打开电钥匙开关（给制动系统供电、供气）	制动系统得电后，约 60 s，LCDM 显示屏得电并进入主操作画面（此时只有【F3】和【F7】两键有效）。 检查此时总风缸压力：750～900 kPa；制动缸压力：（450±15）kPa；均衡风缸压力：0 kPa；制动管压力低于 90 kPa
2	在主操作画面中按【F3】键（电空制动）（查询制动系统的设置状态）	主操作画面上出现“电空制动设置”，本机牵引货物列车的正常显示为： “600 kPa—操纵端—投入—货车—不补风”； 微机屏流量表上方显示为“本机”字样；如参数显示不同，则可通过 LCDM 显示屏进行手动设置
3	移动自动制动手柄至“运转位”（等待 2 min，观察各压力表结果的稳定性）	均衡风缸压力表数值上升的同时，制动管压力也随之上升；制动缸压力下降。结果为：均衡风缸增压至（600±7）kPa；制动管压力增加至均衡风缸压力±10 kPa；制动缸减压至 0 kPa。动力切除不显示

（二）常用制动试验操作内容

常用制动试验操作内容见表 4-2。

表 4-2　常用制动试验操作内容

序号	操作程序与简约说明	LCDM 制动显示屏信息
1	移动自动制动阀手柄到初制动位（等待 3 min，观察均衡风缸、制动管、制动缸保压情况）	均衡风缸减压到 550 kPa； 制动管减压到均衡风缸压力±10 kPa； 制动缸压力上升到 125 kPa； 主操作画面上方无红色“动力切除”字样显示； 均衡风缸保持在 550 kPa； 制动管压力保持在均衡风缸压力±10 kPa； 制动缸压力不能增加 15 kPa，也不能减少 15 kPa
2	缓慢移动自动制动阀手柄到常用制动区使均衡风缸减压至 550～430 kPa（等待 1 min）	制动管减压到均衡风缸压力±10 kPa；制动缸压力按制动管减压量×2.5 比例上升

续表

序号	操作程序与简约说明	LCDM 制动显示屏信息
3	移动自动制动阀手柄到“全制动位”（等待 1 min）	均衡风缸减压到 425 kPa；制动管减压到均衡风缸压力±10 kPa；制动缸压力增压到 425 kPa
4	移动自动制动手柄到“抑制位”	均衡风缸压力保持在 425 kPa； 制动管压力保持在均衡风缸压力±10 kPa； 制动缸压力保持在（425±15）kPa
5	缓慢移动自动制动阀手柄到“抑制位”和“重联位”之间，使均衡风缸减压到 430 kPa	制动管减压到均衡风缸压力±10 kPa； 制动企压力为（425±15）kPa； 主操作画面上方不显示红色“动力切除”
6	移动自动制动阀手柄到“抑制位”	均衡风缸压力保持在 425 kPa； 制动管压力保持在均衡风红压力±10 kPa；制动缸保持作用
7	移动自动制动阀手柄到“重联位”	均衡风缸缓慢减压到 0（不发生紧急放风）； 制动管减压到 55～85 kPa； 制动缸压力增加到（450±15）kPa
8	移动自动制动手柄到“运转位”（等待 2 min）	均衡风缸增压至（600±7）kPa； 制动管增压至均衡风缸压力±10 kPa； 制动缸减压至 0 kPa； 主操作画面上方不显示红色“动力切除”
9	直接将自动制动阀手柄移至“全制动位”（等待 min）	均衡风缸在 5～7 s 内减压至 425 kPa； 制动缸在 6～8 s 内从 0 增压至 425 kPa，并继续增压至（425±15）kPa
10	移动自动制动手柄到“运转位”（等待 2 min）	均衡风缸增压至（600±7）kPa； 制动管增压至均衡风缸压力±10 kPa； 制动缸减压至 0 kPa； 主操作画面上方不显示红色“动力切除”

【知识链接】

CCB-Ⅱ制动机自动制动手柄位置机基本作用：

运转位：充风缓解位，此位置全列车制动压力处于缓解，列车正常牵引时停放位置。

初制动位：列车产生初步制动作用，此位置使产生列车最小制动压力（125 kPa）。

全制动位：此位置使列车产生常用制动区域最大制动力（425 kPa）。

抑制位：解除惩罚性制动，手柄在此位置停留 2 s 以后重新放置运转位置可。手柄在此位置，列车能产生全制动效果。

重联位：机车换端操作，重联作业以及无火回送作业过程非操纵端机车或“补机”自阀手柄放置位置。注意：手柄在此位置插入锁闭销，避免手柄位置误动。

紧急制动位：列车遇到突发事件，紧急情况时采取的紧急停车措施。此位置制动缸压力迅速上升至 450 kPa（时间不能大于 5 s）。

CCB-Ⅱ制动机单独制动手柄位置机基本作用：

运转位：此位置机车制动压力处于缓解状态。

全制动位：此位置机车制动缸压力逐步上升至 300 kPa。

侧缓位（单缓）：实现机车单独缓解作用，跟自阀手柄位置无关。

【案例学习】

案例 4-1：

××年×月×日，×站××××次机车在库内做常用制动试验准备作业过程中，LCDM 制动显示屏设置为单机状态，试验过程没有认真核对列车管压力，此外车辆原有的制动力无法缓解，最终耽误该次列车正常出勤。

案例 4-2：

××年×月×日，××××次机车进行常用制动实验，移动自动制动阀手柄到初“制动位”时，列车管减压量大于 70 kPa,司机没有认真观察压力变化，盲目出库，最终导致该列车在途中列车管压力泄漏而停车。

任务 2　紧急制动试验

任务引入

HXD_{1C}型电力机车准备出库、要求机车乘务员按时完成 CCB-Ⅱ制动机紧急制动制动试验，并检查制动机性能。

教学目标

1. 知识目标

根据制动机试验要求，确认机车乘务员作业准备完毕，按照操作作业流程最终完成制动机紧急制动试验作业任务。

2. 技能目标

能在作业前完成检查机车状态、防溜措施，制动显示屏相关参数的设定、阀门位置及手柄位置作业等；能正确读取相关的压力值，并且根据压力值判断制动机性能。

3. 素质目标

认识机车紧急制动试验对行车运行安全的意义；树立爱岗敬业、遵章守纪、认真负责的铁路工匠精神。

任务实施

紧急制动试验操作。

一、试验前的检查

（1）LCDM 制动显示屏初始化正常，模式设置为本机、货车、不补风、管压 600 kPa。必须设置停车制动或在车轮下放置止轮器防止机车移动，缓解弹停制动装置，确认弹停指示灯熄灭，弹停指示器“绿”色。

（2）确认机车总风缸风压不小于 750 kPa，均衡风缸、制动管压力为 600 kPa,制动缸压力为 0 kPa。

（3）检查总风缸截断塞门（A24）打开、总风缸 4 个排水塞门（A12）关闭。

（4）检查制动系统两端制动管塞门（B81）关闭、两端总风管塞门（B80）关闭、两端平均管塞门（BB94）关闭，紧急制动模块上制动缸截断塞门（Z10.22）打开。

（5）确认自动制动阀手柄在“重联位”、单独制动阀在“运转位”。

二、制动试验前的工作内容

制动试验前的工作内容见表 4-3。

表 4-3 制动试验前的工作内容

序号	操作程序与简约说明	LCDM 制动显示屏信息
1	闭合蓄电池自动开关（QA61）； 打开电钥匙开关； （给制动系统供电、供气）	制动系统得电后，约 60 s，LCDM 显示屏得电并进入主操作画面（此时只有【F3】和【F7】两键有效）。 检查此时总风缸压力 750～900 kPa；制动缸压力（450±15）kPa；均衡风缸压力 0 kPa；制动管压力低于 90 kPa
2	在主操作画面中按【F3】键（电空制动）。 （查询制动系统的设置状态）	主操作画面上出现“电空制动设置”。本机牵引货物列车的正常显示为：“600 kPa —操纵端—投入—货车—不补风”； 微机屏流量表上方显示为“本机”字样；如参数显示不同，可通过 LCDM 显示屏进行手动设置
3	移动自动制动手柄至“运转位”（等待 2 min，观察各压力表结果的稳定性）	均衡风缸压力表数值上升的同时，制动管压力也随之上升；制动缸压力下降。结果为：均衡风缸增压至（600±7）kPa； 制动管压力增加至均衡风缸压力±10 kPa； 制动缸减压至 0 kPa（动力切除不显示）

三、紧急制动试验操作

紧急制动试验操作内容见表 4-4。

表 4-4 紧急制动试验操作内容

序号	操作程序与简约说明	LCDM 制动显示屏信息
1	置换向手柄于“前进位”，主控制手柄置于“牵|起始位”。快速直接将自动制动阀手柄移至“紧急制动”（一旦列车实施紧急制动，自动制动手柄必须紧急制动位滞留 60 s，直至红色“动力切除”字消失，才可移至“运转位”）	排风阀（N97）打开； 制动管迅速减压到 0 kPa；撒砂电磁阀得电并撒砂约 5 s； 确保 Z10.36 紧急电磁阀得电； 均衡风缸缓慢减压到 0 kPa； 制动缸在 3～5 s 内增压至 200 kPa 并继续增压至（450±15）kPa； 微机屏牵引电机指示器减至 0； “动力切除”信息显示在 LCDM 显示屏上
2	移动主控制器手柄回“零位”，移动自动制动手柄到“运转位”（等待 1 min）	主操作画面上方不显示红色“动力切除”； 均衡风缸增压至（600±7）kPa； 制动管增压至均衡风缸压力±10 kPa； 制动缸减压至 0 kPa

安全风险点

制动机试验前机车防溜措施是否做好，自动制动手柄及单独制动手柄是否正确，是否放置止轮器。

LCDM 制动显示屏是否处于“本机”位置。

制动管折角塞门、总风管、平均管赛门是否已“关闭”。

总风缸截断塞门（A24）是否处于“打开”、排水塞门“A12”是否关闭。

【知识链接】

动力切除

机车运行过程中自动制动手柄置于紧急制动位时，机车控制系统断开主断路器主电路从而切除机车牵引动力过程。机车运行过程中，通过拔取电钥匙或按紧急停车按钮都能触发机车动力切除。

动力切除

动力切除的解除方法：

（1）自动制动手柄紧急位保持 1 min 倒计时结束后放置运转位。

（2）复位“紧急制动”红色按钮（顺时针旋转）。

（3）检查主断路器是否断开，如果断开需要手动复位。

（4）检查电钥匙已经插入并且再“打开”位置。

【案例学习】

案例 4-3：

××年×月×日，×站××次机车在库内进行常用紧急制动试验作业，在自阀手柄紧急位没有停留 60 s，倒计时还未结束就提前放置运转位，LCDM 制动显示屏“动力切除”红色图案字样没有消失、系统重新倒计时 60 s，乘务员错误地判断是自阀手柄故障。

请思考上述事故发生的原因。

任务 3　贯通试验

任务引入

HXD_{1C} 型电力机车已出库，要求机车乘务员按时完成 CCB-Ⅱ制动机贯通试验，并检查制动机性能。

教学目标

1. 知识目标

根据制动机试验要求，确认机车乘务员作业准备完毕，按照操作作业流程最终完成制动机贯通试验作业任务。

2. 技能目标

作业前检查机车运行状态、制动显示屏相关参数的设定、阀门位置及手柄位置作业等情况；能正确读取相关的压力值，并且根据压力值判断制动机性能状态。

3. 素质目标

认识机车贯通试验对行车运行安全的重大意义；树立爱岗敬业、遵章守纪、认真负责的铁路工匠精神。

任务实施

一、试验前的检查确认

（1）LCDM 制动显示屏初始化正常，模式设置为本机、货车、不补风、管压 600 kPa。必须设置停车制动或在车轮下放置止轮器防止机车移动，缓解弹停制动装置，确认弹停指示灯熄灭，弹停指示器“绿”色。

（2）确认机车总风缸风压不能小于 750 kPa，均衡风缸、制动管压力为 600 kPa,制动缸压力为 0 kPa。

（3）检查总风缸截断塞门（A24）打开、总风缸 4 个排水塞门（A12）关闭。

（4）检查制动系统两端制动管塞门（B81）关闭、两端总风管塞门（B80）关闭、两端平均管塞门（BB94）关闭，紧急制动模块上制动缸截断塞门（Z10.22）打开。

二、安全注意事项

司机应确认并正确记录充、排风时间，检查制动主管压力的变化情况，并作为本次列车操纵和制动机使用的参考依据。装有列尾装置的列车，进行列尾风压查询；装有防折关装置的机车，注意观察其状态；CCB-Ⅱ、法维莱等微机控制的制动机，注意观察显示屏上充风流量信息。

施行贯通制动时，应考虑列车速度、线路坡道、牵引辆数和吨数、车辆种类以及闸瓦压力等条件，保持列车均匀减速，防止列车冲动。进入停车线停车时，提前确认 LKJ 显示距离与地面信号位置是否一致，准确掌握制动时机、制动距离和减压量，应做到一次停妥，牵引列车时，不应使用单阀制动停车，并遵守以下规定：

（1）初次减压量，不得少于 50 kPa。长大下坡道应适当增加初次减压量，具体减压量由铁路局制定。

（2）追加减压一般不应超过 2 次；一次追加减压量，不得超过初次减压量。

（3）累计减压量，不应超过最大有效减压量。

（4）单阀缓解量，每次不得超过 30 kPa（CCB-Ⅱ型、法维莱制动机除外）。

（5）减压时，自阀排风未止不应追加、停车或缓解列车制动。

（6）货物列车运行中，自阀减压排风未止，不得缓解机车制动。

（7）禁止在制动保压后，将自阀手柄由中立位推向缓解、运转、保持位后，又移回中立位（牵引采用阶段缓解装置的列车除外）。

（8）货物列车速度在 15 km/h 以下时，不应缓解列车制动。长大下坡道区段因受制动周期等因素限制，最低缓解速度不应低于 10 km/h。重载货物列车速度在 30 km/h 以下，不应缓解列车制动。

三、贯通试验操作内容

运行过程中，空车（60±5）km/h 减压 50 kPa，50 km/h 以下缓解，重车（50±5）km/h 减压 50 kPa，40 km/h 以下缓解，贯通试验地点由各段自行确定。贯通试验操作内容见表 4-5。

表 4-5　贯通试验操作内容

序号	操作程序与简约说明	LCDM 制动显示屏信息
空车	列车速度达到 60 km/h,自阀手柄放置初制动位，单阀手柄放置运转位；当列车运行速度下降到 50 km/h 时自阀手柄重新放置运转位缓解列车	均衡风缸减压 50 kPa，列车管减压到均衡风缸压力的 ±10 kPa，制动缸增压到 70～110 kPa； 均衡风缸增压至 600 kPa，列车管增压至 580 kPa 用时不大于 9 s，制动缸压力下降为 0
重车	列车速度达到 50 km/h,自阀手柄放置初制动位，单阀手柄放置运转位；当列车运行速度下降到 40 km/h 时自阀手柄重新放置运转位缓解列车	均衡风缸减压 50 kPa，列车管减压到均衡风缸压力的 ±10 kPa，制动缸增压到 70～110 kPa； 均衡风缸增压至 600 kPa，列车管增压至 580 kPa 不大于 9 s，制动缸压力下降为 0

任务 4　五步闸试验

任务引入

HXD_{1C} 型电力机车已出库，要求机车乘务员按时完成 CCB-Ⅱ制动机五步闸试验，并检查制动机性能。

教学目标

1. 知识目标

根据试验要求，确认机车乘务员作业准备完毕，按照操作作业流程最终完成制动机五步闸试验作业内容。

2. 技能目标

能在作业前检查机车状态、防溜措施、制动显示屏相关参数的设定、阀门位置及手柄位置作业等情况；能正确读取相关的压力值，并且根据压力值判断制动机性能。

3. 素质目标

机车制动机五步闸试验对行车运行安全的重大意义；树立爱岗敬业、遵章守纪、认真负责的铁路工匠精神。

任务实施

一、作业前的准备

（一）试验前的检查确认

（1）LCDM 制动显示屏初始化正常，模式设置为本机、货车、不补风、管压 600 kPa。必须设置停车制动或在车轮下放置止轮器防止机车移动，缓解弹停制动装置，确认弹停指示灯熄灭，弹停指示器“绿”色。

（2）确认机车总风缸风压不能小于 750 kPa，均衡风缸、制动管压力为 600 kPa,制动缸压力为 0 kPa。

（3）检查总风缸截断塞门（A24）打开、总风缸 4 个排水塞门（A12）关闭。

（4）检查制动系统两端制动管塞门（B81）关闭、两端总风管塞门（B80）关闭、两端平均管塞门（BB94）关闭，紧急制动模块上制动缸截断塞门（Z10.22）打开。

（5）确认自动制动阀手柄在“重联位”、单独制动阀在“运转位”。

（二）安全注意事项

（1）运行中制动显示屏（LCDM）只能显示 F3（电空制动）、F7（显示信息）。

（2）牵引客运列车或者行包列车时，只需将列车管定压由 500 kPa 调为 600 kPa，严禁在制动系统微机屏上进行客/货转换。显示屏上只允许设置为“货车”。

（3）禁止在“补机”状态下进行任何牵引作业。

（4）在现有条件下，制动系统显示屏上严禁设置为“补风”，只能设置为“不补风”。注：制动机上电默认为“补风”，开车前必须转换为“不补风”，否则按 B 类违章考核。

（5）出现列车管起非常或监控装置动作时，应将大闸手柄置“紧急”或“抑制”位，按显示屏的消息框的提示进行操作（紧急制动产生后，必须将自动制动阀置紧急位 60 s 后才可缓解）。

（6）非操纵端大闸手柄应锁闭在重联位，小闸手柄在运转位。

（7）机车在行车中发现有数据丢失现象，若通过 LCDM 无法调整，可通过低压柜上的 CCB-Ⅱ电源开关，将制动系统断电后再恢复电源（注：断电后将产生制动作用，应在机车停车后实施）。

安全风险点

LCDM 制动显示屏设置为“本机”状态，禁止在“补机”状态下进行任何牵引作业。制动系统显示屏上严禁设置为“补风”，只能设置为“不补风”。注：制动机上电默认为“补风”，开车前必须转换为“不补风”，否则按 B 类违章考核。

非操纵端大闸手柄应锁闭在“重联”位，小闸手柄在“运转”位。

二、五步闸试验操作内容

五步闸试验操作内容见表 4-6。

表 4-6　五步闸试验操作内容

序号	设置	操作程序与简约说明	LCDM 制动显示屏信息
1	本机/不补风	1. 自阀手柄放置“运转”位，单阀手柄放置“运转”位； 2. 自阀手柄放置“紧急制动”位，单阀手柄放置“运转”位； 3. 自阀手柄放置“紧急制动”位，单阀手柄放置“侧缓”位； 4. 自阀手柄放置“重联”位（60 s 倒计时结束后操作），单阀手柄放置“运转”位	1. 总风压力 750～900 kPa,制动缸压力 0，均衡风缸压力 600 kPa，列车管压力 500 kPa； 2. 列车管压力在 3 s 内降为 0，制动缸在 3～5 s 内升至 200 kPa，并继续增压至 450 kPa，均衡风缸压力降为 0，紧急制动倒计时 60 s 开始； 3. 制动缸压力下降为 0，手柄复位后制动缸压力恢复； 4. 60 s 倒计时结束后操作，列车管、均衡风缸、制动缸压力不变
2	本机/不补风	1. 自阀手柄放置“运转”位，单阀手柄放置“运转”位； 2. 各手柄位置均无变化； 3. 自阀手柄放置“全制动位”，单阀手柄放置“运转”位； 4. 各手柄位置均无变化； 5. 自阀手柄放置“抑制”位，单阀手柄放置“运转”位； 6. 自阀手柄放置“运转”位，单阀手柄放置“运转”位	1. 均衡风缸增压至 600 kPa，列车管增压至 580 kPa 不大于 9 s，制动缸压力下降为 0； 2. 等 60 s 使系统各风缸充满风； 3. 均衡风缸在 5～7 s 减压到 430 kPa，列车管减压到均衡风缸压力 ±10 kPa，制动缸 6～8 s 增压到 425 kPa； 4. 保压 1 min，均衡风缸压力泄漏不大于 7 kPa，列车管压力泄漏不大于 10 kPa，制动缸压力变化不大于 25 kPa； 5. 各压力无变化； 6. 均衡风缸增压至 600 kPa，列车管压力 600 kPa，制动缸压力下降为 0

续表

序号	设置	操作程序与简约说明	LCDM 制动显示屏信息
3	本机/不补风	1. 自阀手柄放置“初制动”位，单阀手柄放置“运转”位； 2. 自阀手柄放置“初制动”位，单阀手柄放置“侧缓”位； 3. 自阀手柄放置“重联”位，单阀手柄放置“运转”位； 4. 自阀手柄放置“运转”位，单阀手柄放置“运转”位	1. 充满风后，均衡风缸减压 50 kPa，列车管减压到均衡风缸压力的 ±10 kPa，制动缸增压到 70～110 kPa； 2. 制动缸压力下降为 0，手柄复位后制动缸压力不恢复； 3. 均衡风缸以常用制动速率降为 0，列车管减压至 55～85 kPa 后保持，制动缸增压至 450 kPa； 4. 均衡风缸增压至 600 kPa，列车管压力 600 kPa，制动缸压力下降为 0
4	本机/不补风	1. 自阀手柄放置“运转”位，单阀手柄逐步推动至“全制动”位； 2. 自阀手柄放置“运转”位，单阀手柄逐步推动至“运转”位； 3. 自阀手柄放置“运转”位，单阀快速推至“全制动”位； 4. 自阀手柄放置“运转”位，单阀手快速拉回至“运转”位； 5. 自阀手柄放置“制动”区，单阀手柄放置“运转”位	1. 阶段制动，制动缸压力阶段上升，全制动制动缸压力 300 kPa； 2. 阶段缓解，制动缸压力阶段下降，运转位制动缸压力下降为 0； 3. 制动缸在 2～3 s 上升到 280 kPa，最终为（300±15）kPa； 4. 制动缸压力在 3～5 s 降到 35 kPa 以下；最终为 0； 5. 均衡风缸减压 100 kPa，列车管减压到均衡风缸压力的 ±10 kPa，制动缸增压到 230～250 kPa
5	单机	1. 自阀手柄放置“全制”位，单阀手柄放置“运转”位； 2. 自阀手柄放置“全制”位，单阀手柄放置“侧缓”位； 3. 自阀手柄放置“运转”位，单阀手柄放置“运转”位； 4. 自阀手柄放置“运转”位，单阀手柄放置“全制”位； 5. 自阀手柄放置“运转”位，单阀手柄放置“运转”位	1. 均衡风缸减压 170 kPa，列车管压力保持不变，制动缸压力保持不变； 2. 制动缸压力下降为 0，手柄复位后制动缸压力不恢复； 3. 均衡风缸增压至 600 kPa，列车管压力保持不变，制动缸压力保持不变； 4. 制动缸压力在 2～3 s 上升到 280 kPa，最终为 300 kPa； 5. 制动缸压力在 3～5 s 降到 35 kPa 以下

【知识链接】

单机的设置方法

1. 设置前的必备条件

（1）大小闸“全制”位停车。

（2）制动显示屏有文字提示时，必须完成提示要求；

（3）此时【F1】上方显示“DP”、【F3】上方显示“电空制动”、【F7】上显示“显示信息”。

2. 设置本机位

（1）按【F3】键，当前设置显示各种状态，如为非操纵端时，确认操纵端。

（2）按【F4】键，设置为操纵端。

（3）按【F5】键，列车管当前状态设置为“切除”。

（4）按【F1】键，新设置显示 600 kPa、操纵端、切除、货车、不补风。

（5）按【F1】键，当前设置显示同上。

（6）按【F8】退出（清空故障显示栏），此时流量表上显示“单机”。

【案例学习】

案例 4-4：

××年×月×日，×站××次机车在库内做制动机五步闸试验作业之前，两端平均管塞门（BB94）没有关闭，平均管塞门均处于“开启”状态，当单阀手柄进行阶段性制动操作过程中，制动缸压力一直处于“缓解”状态。

请思考上述事故发生的原因。

【课后作业】

1. 制动机常用制动试验前的检查内容有哪些?
2. 制动显示屏基本作用，“本机”位置操作流程是什么?
3. 制动机紧急制动试验前的检查内容有哪些?
4. 切除“动力切除”的方法有哪些?
5. 制动机紧急制动试验操作内容有哪些?
6. 简述制动机“贯通”试验基本操作内容。
7. 制动机“五步闸”试验，“第一步”操作内容有哪些?
8. 制动机“五步闸”试验，“第二步”操作内容有哪些?
9. 制动机“五步闸”试验，“第三步”操作内容有哪些?
10. 制动机“五步闸”试验，“第四步”操作内容有哪些?
11. 制动机“五步闸”试验，“第五步”操作内容有哪些?
12. “单机”位置操作流程是什么?

项目 5 电力机车乘务员一次标准化乘务作业

【项目导学】

机车乘务员一次作业过程，是指乘务员从出勤到退勤期间的机车整备和牵引列车的全部作业过程。为优质高效地完成铁路运输任务，乘务员必须熟知机车整备和牵引列车的全部作业过程。

【本项目学习思维导图】

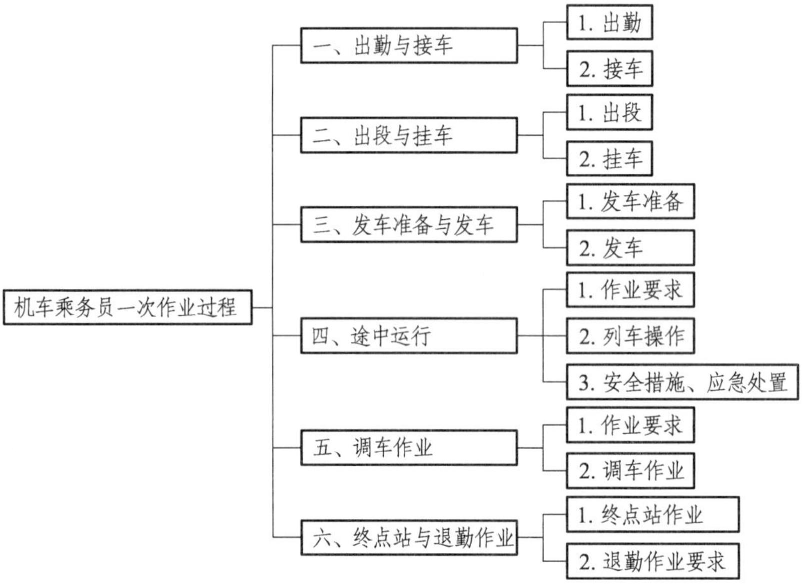

【项目教学目标】

1. 熟悉机车乘务员一次乘务作业标准化程序。
2. 掌握出勤与接车的作业程序。
3. 掌握出段与挂车的作业程序。
4. 掌握发车准备与发车的作业程序。
5. 掌握途中运行的作业程序。
6. 掌握调车作业的程序。
7. 掌握终点站与退勤作业的程序。

任务 1　出勤与接车

任务引入

机车乘务员一次作业过程，是指乘务员从出勤到退勤期间的机车整备和牵引列车的全部作业过程。为优质高效地完成铁路运输任务，乘务员必须熟知机车整备和牵引列车的全部作业过程。

教学目标

1. 知识目标

根据乘务员一次标准作业要求，确认出勤与接车作业准备完毕，正确及时执行出勤，做好接车工作。

2. 技能目标

能在作业前做好出勤与接车的准备工作；能及时、准确做好出勤、接车工作。

3. 素质目标

认识乘务员一次标准工作对铁路运输生产组织的重大意义，树立爱岗敬业、遵章守纪、认真负责及良好的团队合作精神。

任务实施

一、出　勤

出勤与接车

出勤作业流程：出勤准备→办理出勤手续及核对运行揭示→领取本趟行车资料并做好安全预想的规定→联防同行到指定地点接车。

【知识链接】

办理出勤手续及核对运行揭示

（1）在规定的出勤时间前，机班人员应根据现场实际优先选择“机务外点远程管理系统”设备办理出勤手续；遇集中出勤导致“机务外点远程管理系统”设备长时间占用时，在设有出勤调度员的地点，还可选择向出勤调度员办理出勤手续。

（2）选择“机务外点远程管理系统”办理出勤手续时，应按以下程序办理。

① 擦除 IC 卡信息。机班人员分别将 IC 卡插入设备专用卡槽，在设备主界面点击“IC 卡相关”图标，在弹出的界面选择“擦卡”，擦除 IC 卡内上一乘务交路的信息，擦卡成功后点击“确认”。

② 确认设备工作状态。由机班司机确认主界面左上角显示的日期时间正确、网络连接显示正常，方可进行下一作业程序。

③ 登记出勤信息。由机班司机点击设备主界面“出勤登记”图标，机班人员应按照司机 1、司机 2、副司机、学员的先后顺序依次登记出勤信息。

（3）向出勤调度员办理出勤手续时，应按以下程序办理。

① 以同一机班或同一车次为单位，各机班全员依次将IC卡交给出勤调度员，接受身份识别、酒精含量测试后，领取本趟值乘交路的交付揭示、已写入LKJ临时数据文件的IC卡。

② 确认交付揭示有效期正确，机班全员分别将交付揭示粘贴在司机手册上（留存不少于1个往返）。由本务机车副司机朗读公布揭示内容，同一车次其他人员核对交付揭示；全员在司机手册车站站名及交付揭示站名上标注、逐条勾划值乘区段相关运行揭示（负责朗读的副司机在核对后标注、勾划）。

③ 机班全员依次将IC卡插入LKJ临时数据文件核对装置，正确选择运用区段，核对写入IC卡的数据文件条数和命令号，并与交付揭示勾划的运行揭示逐条核对，设备语音提示验卡正确后拔出IC卡。

④ 同一车次全员列队，由出勤调度员阅读交付揭示，机班全员使用交付揭示核对无误后，填写《机务派班室IC卡临时数据录入登记簿》（验卡设备具备自动统计功能时除外），与出勤调度员双方签认。机班全员将司机手册交给出勤调度员审核签认、在交付揭示上盖骑缝章。

⑤ 机班全员列队听取出勤调度员传达出勤指导传达簿中的相关内容（或坐岗值班人员的传达指导），并将重点内容记录在司机手册中。有需要记名传达的资料时，机班全员还应在阅读后盖章签认，并掌握其基本要求。

（4）出勤作业完毕，机车乘务员办理出勤作业完毕后，各班司机使用移动作业终端扫描运安系统出勤二维码进行登录（扫码登录失败，采取输入司机代码+人脸识别等方式登录），核对、确认出勤信息，带红色*号的为必填信息，如出勤信息获取不成功或不完整，需手工补全相关信息（涉及机车乘务员工时统计）。

二、接 车

接车的作业流程：接车准备→确认 LKJ 工作状态→确认机车信号工作状态→确认CIR工作状态→确认无线对讲设备工作状态→机车静态检查→机车启机或升弓→机车电气试验→确认6A设备。

（一）接车准备

（1）在指定地点分工办理机车交接。司机负责了解机车运用检修情况、停留地点。副司机负责领取机车相关钥匙以及需要交接的工具备品。

（2）副司机在指定地点领取或司机在机车上确认电务车载设备检测合格证。

① 电务车载设备检测合格证是经检测机车电务车载设备符合规定使用条件的凭证，未持有凭证的机车不得出段担当列车牵引任务。

② 遇电务车载设备合格证上的车型、车号与实际不一致、交接情况栏无法继续填记、丢失等情况，立即通知电务部门。

（3）机班全员在列车运行方向的操纵端司机室接车。

① 副司机闭合机车电源、照明开关、各行车安全装备开关；夜间打开红色标志灯。

② 司机确认单阀全制位、制动缸压力不低于 250 kPa，有停放制动功能的机车还须确认停放制动施加状态，确保机车可靠制动，在单阀手柄上设置禁动标志方可进行机车检查相关作业。

（二）确认 LKJ 工作状态

（1）司机确认列车运行监控装置（LKJ）设备外观无异状、开机显示正常，确认 LKJ 日期、时间显示正确。不正常时立即向外勤调度员或电务人员反馈。

（2）司机根据担当的运行区段核对 LKJ 显示屏上张贴的数据运用限定范围是否一致；在 LKJ 换装过渡期内或试运机车出段前，还应依据换装标识核对 LKJ 显示的控制文件版本号、LKJ 数据文件版本号；不一致时立即向外勤调度员或电务人员反馈。

（3）司机向 LKJ 载入 IC 卡临时数据（确认 IC 卡灯亮）。依据交付揭示，机班共同核对载入数据的条数和命令号（汛期揭示除外）。核对不一致时，立即向出勤调度员汇报。

① 机班共同确认 LKJ 显示工号、区段号、车站号、车次种类、车次编号、列车种类、本/补、车速等级；与实际不符时，人工设定并确认正确。

② 安装双套LKJ主机的机车或使用网重联的机车组，应分别载入IC卡临时数据。

（4）LKJ 控制模式的规定：

① 按《LKJ 操作使用手册》的规定，正确使用出入库模式、调车模式。使用网重联的机车组且二位机车无人值守时，二位机车应设置为非本务工作状态（使用电钥匙控制 LKJ 电源时除外）；如出入段不担当转线、挂头操纵职责时，准许关闭二位机车 LKJ（含 CIR 电源）。

② 担当特殊任务，需要解除本务机车 LKJ 制动控制功能时，得到添乘干部的指示后方可将 LKJ 转入非本务工作状态（只监不控）。

（5）根据值乘的具体机型，试验无人警惕装置作用良好。运行中无人警惕报警时，司机应按规定操作，及时解除报警。

（三）确认机车信号工作状态

（1）司机确认机车信号外观无异状、开机显示正常。在具备信号发码功能的线路上，还应确认机车信号接码显示正常，与 LKJ 复示的信号显示含义一致。

（2）机车信号设备异常时立即向外勤调度员或电务人员反馈。

（四）确认 CIR 工作状态

（1）各机车司机确认 CIR 设备外观无异状、开机显示正常。机车需在 G 网区段运行时，还应根据 CIR 界面上的 G 网信号标识或通过电务车载设备检测合格证确认是否具备 G 网功能。

（2）各机车副司机确认非操纵端的 CIR 设备外观无异状、开机显示正常后，关闭非操纵端的 CIR 电源。

（3）发现 CIR 设备异常时，立即向外勤调度员或电务人员反馈。

（4）CIR 功能键操作使用规定：① 按压“列尾销号”键持续 3 s 以上，可发送销号命令。② 按压“列尾排风”键持续 3 s 以上或按“列尾排风”键后 3 s 以内再按压“列尾确认”键，发送排风命令。③ 按压“报警”键持续 3 s 以上，MMI 发出语音和文字提示，按“确认”键启动报警，按“退出”键返回到按报警键前的状态。④ 按压“复位”键持续 3 s 以上，CIR 整机复位。⑤ 按压“主控”键持续 3 s 以上，MMI 进入主控状态。⑥ 按压“紧急呼叫”键持续 3 s 以上，可发起紧急呼叫。⑦ 除上述 6 个功能键，MMI 面板上其他按键为短按有效按键（按压时长 0.5 ~ 1 s），严禁持续按压 3 s 以上。

【知识链接】

CIR 指机车综合无线通信设备。

（五）确认无线对讲设备工作状态

（1）机车出入段时无线对讲设备频率应调整在 457.825 MHz，用于与扳道员、股道自动化信号员的联系。

（2）值乘旅客列车时，无线对讲设备频率应固定在 457.700 MHz，用于与车辆乘务员的联系；运行中需主动联系列车长或乘警时应将频率调整至 457.950 MHz，站停需主动联系客运值班员时应将频率调整至 457.725 MHz，通话结束后及时调回 457.700 MHz。在 G 网区段，无线对讲设备无法联系时，可使用 GSM-R 手持终端联系。

（3）值乘货物列车时，无线对讲设备应守候在 457.500 MHz。在乌西、哈密东、库尔勒站与列尾作业员核对“一对一”关系时，应调整至 457.825 MHz。

（六）机车静态检查

1. 司机检查项目

（1）司机室仪表、操纵控制手柄、扳钮开关、雨刷器、辅助设备。

（2）机车前后端风管及塞门位置、未连挂车钩的三态作用状态、连挂车钩的水平中心线高度差；使用重联装置时，检查重联装置各管线的安装及锁闭状态。

（3）机车走行部基础制动、牵引装置、悬挂装置及减振器的外观，轮对弛缓标记；内燃机车还应检查闸瓦、蓄电池箱盖锁闭状态、燃油油位；目视检查机车顶部可见部件外观。

（4）检查砂箱砂量充足，撒砂管口角度正确。

（5）有微机屏的机车，查看有无故障提示信息，电力机车确认自动过分相功能在投入状态。无微机屏的机车，复查上一班提报走行部故障的修复情况。有微机屏的机车，查看有无故障提示信息，电力机车确认自动过分相功能在投入状态。无微机屏的机车，复查上一班提报走行部故障的修复情况。

2. 副司机检查项目

（1）检查随车配备的工具备品应定置管理，加封管理的按加封状态交接。遇工具柜破封或发现工具备品损坏、不全时，应及时向地勤人员反馈处理。遇防溜（铁鞋、人力制动机紧固器）、防护（响墩、火炬、短接线）、登顶安全器具损坏或不全时，严禁出段（机车无火回送时除外）。检查备用砂袋数量充足。

（2）将视频转储 U 盘插入指定位置（无此功能的机车除外）；网重联机车组换端作业须将转储 U 盘插入操纵机车上。电力机车抄记电量数。

（3）复查上一班提报机车中部故障的修复情况，并向司机汇报检查情况。

3. 头灯、标志灯检查

机班配合检查机车两端的头灯、标志灯状态良好。

（七）机车启机或升弓

（1）机班人员确认机车各部无其他工种人员作业、禁动标志撤除、呼唤应答并鸣笛后，方可在列车运行方向的操纵端进行启机或升弓作业。

（2）电力机车升弓注意事项。

① 机班配合检查确认：装有车顶绝缘检测装置的机车，确认车顶绝缘状态良好（须使用钥匙防脱手环；严禁在升弓状态或雷电天气检测；未发生弓网故障情形进行换端时可不重复检测）；确认主断在断开状态；确认受电弓控制风缸或辅助风缸压力正常；确认感应网压（无感应网压禁止升弓）；确认受电弓、接触网不能挂有异物。

② 机班呼唤“升弓注意”后，司机扳动升弓开关，司机、副司机开窗探头确认受电弓和接触网状态（夜间使用手电）正常后，呼唤“升弓正常”。降弓操作时，参照本项规定确认降弓状态。

③ 升弓后确认网压正常后，闭合主断、各辅机开关，确认控制、辅助电压正常，闭合空压机开关确认泵风正常后，试验“强泵”正常。

（八）机车电气试验

（1）司机在列车运行方向的操纵端确认单阀全制位，各开关、闸刀、手柄位置、风缸压力符合试验要求；禁止不具备机车驾驶资质的人员操作；试验时 LKJ 必须开机。

（2）电气试验时，司机分别使用主手柄最低级位进行牵引、动力制动试验，并进行换向试验，观察相关信号灯、仪表显示正常，微机屏无故障信息提示。网重联时，须确认机车组操控正常。

以下节选至第 28 条　机车制动机试验的规定（依据《铁路机车操作规则》第 11 条，《机务行车安全管理规则》第 70 条，《铁路机车运用管理规则》第 9 条并结合现场实际综合制定）

1. 各型机车司机根据制动机类型、牵引位置，正确设置制动屏主要参数（无制动屏机车除外），在列车运行方向司机室按以下方法进行制动机试验：

（1）单阀手柄全制位，自阀手柄运转位，确认均衡风缸及列车管充风至定压，制动缸压力不小于 300 kPa。单阀手柄由全制位移至运转位，确认制动缸能缓解至 0（在有坡道的线路上不得缓解至 0，有停放制动功能的应施加停放制动）。

（2）自阀减压 100 kPa，确认减压量与制动缸压力的比例正确，保压 1 min 观察列车管、制动缸的压力无漏泄；单阀手柄由运转位移至侧缓位，手柄复位后制动缸压力不应恢复。

（3）试验完毕，将单阀手柄全制位，自阀手柄运转位，有停放制动功能的缓解停放制动。

2. 制动机试验完毕，机班应相互配合，由副司机应在车下配合检查机车制动、缓解状态良好，并注意以下事项：

（1）装有手制动机的机车，确认手制动机对应轮对的闸瓦在缓解状态。和谐型电力机车确认闸片与制动盘有晃动间隙。

（2）双节机车或使用网重联的机车组，须确认机车组制动、缓解操控正常。

（3）有停放制动功能的机车，确认停放制动在释放状态。未经司机同意，严禁擅自拉动停放制动的缓解销。

（九）确认 6A 设备

6A 设备指机车车载安全防护系统。安装 6A 设备的机车，司机确认设备开机显示正常，并在 6A 主界面查看有无报警信息，有报警信息时，及时通知外勤调度员或地勤检修人员。禁止遮挡或调节司机室摄像头正常角度。

【知识链接】

发现机车不良处所的处置规定

（1）机班在检查、试验过程中发现机车不良处所时，司机应立即向外勤调度员汇报；无外勤调度员的地点，应向有关地勤人员或值班干部报告。临时更换机车时，可不再进行静态、动态检查试验，但必须按规定载入、核对 LKJ 临时数据、正确设置行车安全装备后方可出段。

（2）机车检查试验的注意事项。

① 遇走行部、制动系统、受电弓等影响运行安全的部件故障，未经有效处理严禁出段。

② 严禁 LKJ、CIR、机车信号、轴温报警装置故障的机车出段牵引列车，运行途中严禁擅自关机。

③ 牵引旅客列车的机车及在线路坡度超过 6‰区段牵引其他列车的机车，动力制动（含电阻制动、电制动、再生制动等）作用必须良好。

任务 2　出段与挂车

教学目标

1. 知识目标

根据乘务员一次标准作业要求，确认机车整备作业完毕，熟悉出段、挂车的工作要求及标准。

2. 技能目标

能在作业前做好机车整备作业；能及时、准确做好出段、挂车工作。

3. 素质目标

认识乘务员一次标准工作对铁路运输生产组织的重大意义；树立爱岗敬业、遵章守纪、认真负责及良好的团队合作精神。

任务实施

一、出 段

机车整备完毕机班全员上车后，要道准备出段。同时要做到：

（1）确认调车信号或股道号码信号、道岔开通信号、道岔表示器显示正确，严格执行确认呼唤（应答），鸣笛动车（限鸣区段除外）。

（2）移动机车前，应确认相关人员处于安全处所，防溜撤除，注意邻线机车、车辆的移动情况。段内走行严守速度规定。

（3）机车到达站、段分界点停车，签认出段时分（单班单司机签点办法由铁路局规定），了解挂车股道和经路，执行车机联控，按信号显示出段。

二、挂 车

挂车

进入挂车线后，应严格控制机车速度，执行十、五、三车和一度停车规定，确认脱轨器、防护信号及停留车位置。要做到：

（1）距脱轨器、防护信号、车列 10 m 前必须停车。

（2）确认脱轨器、防护信号撤除后，显示连挂信号，以不超过 5 km/h 的速度平稳连挂。

（3）连挂时，根据需要适量撒砂，连挂后要试拉。

挂车后，机车保持制动，司机确认机车与第一位车辆的车钩、软管连接和折角塞门状态。多机重联时，机车与车辆连挂状态的检查由连挂司机负责；列车本务司机应复检机车与第一位车辆的车钩、软管连接和折角塞门状态。要做到：

（1）正确输入机车综合无线通信设备（CIR）、LKJ 有关数据。采用微机控制制动系统的机车，核对制动机设定的列车种类。向运转车长或车站值班员（助理值班员）

了解编组情况、途中甩挂计划及其他有关事项。

（2）货运票据、列车编组顺序表需由机车乘务组携带时，应按规定办理交接，并妥善保管。

（3）司机应在列车充风或列车制动机试验时，检查本务机车与列尾装置主机是否已形成“一对一”关系。

（4）制动主管达到定压后，司机按规定及检车人员的要求进行列车制动机试验，装有防折关装置的机车应确认制动主管贯通情况。

（5）发现充、排风时间短等异常或制动主管漏泄超过 20 kPa/min 时，及时通知检车人员（无检车人员时通知车站值班员）。

（6）制动关门车辆数超过规定时，发车前应持有制动效能证明书。

（7）列车制动机进行持续一定时间的保压试验，应在试验完毕后，获取制动效能证明书。

（8）司机接到制动效能证明书后，应校核每百吨列车重量换算闸瓦压力，不符合《技规》及本区段的规定时，应向车站值班员报告。

（9）直供电列车连挂后，司机拔出供电钥匙与客列检（或车辆乘务人员）按规定办理交接、供电手续，电力机车还需断开主断路器。

【知识链接】

使机车车辆连挂在一起的作业过程，称为挂车。

挂车前，要先调整钩位；挂车后，要确认车钩的连挂状态并试拉。需连接软管作业时，还要连接软管，开放折角塞门，检查车列主管通风情况。

调车长指挥机车连挂，具体工作如下：

（1）接近车列，确认具备挂车条件。

（2）显示连结信号，指挥机车连挂。

距停留车位置十、五、三车时，速度分别为 17 km/h、12 km/h、7 km/h，接近被连挂的车辆时 5 km/h。

在尽头线上调车时，距线路终端应有 10 m 的安全距离；遇特殊情况，必须近于 10 m 时，应严格控制速度。

尽头线送车，应在前端车辆距车挡 30 m 处一度停车，以不超过 5 km/h 的速度推送。

任务 3　发车准备与发车

教学目标

1. 知识目标

根据乘务员一次标准作业要求，熟悉发车准备工作的要求及标准。

2. 技能目标

能在作业前做好发车准备工作；能及时、准确地做好发车工作。

3. 素质目标

认识乘务员一次标准工作对铁路运输生产组织的重大意义；树立爱岗敬业、遵章守纪、认真负责及良好的团队合作精神。

任务实施

一、发车准备

发车准备与发车

司机根据发车时间，做好发车准备工作。

（1）客货列车按照计划开车时间或车站值班员（列车调度员）通知的预计开车时间，司机应提前进行简略试验或对列车充满风，做好开车前的各项准备工作。在 CTC 区段的车务无人站，旅客列车以外的其他列车司机应按照《行规》公布的“列车无线调度通信关系表”主动询问相关车站预计开车时间；开通 G 网区段，可直接联系列车调度员。

（2）根据开车时间，司机提前确认制动机手柄、换向手柄位置及各仪表显示正常，按以下情形确认好列车制动主管的贯通状态：① 使用列尾装置的列车，司机须在自阀缓解前后（或减压前后）分别查询尾部风压，以尾部风压与机车风压同升同降作为判断制动主管贯通状态的标准。② 列尾装置故障的旅客列车、无列尾但设有尾部值守人员的列车，司机应与车辆乘务员（尾部值守人员）核对尾部风压，判断制动主管贯通状态。③ 列尾装置故障的货物列车，负责简略试验的有关人员应检查列车最后一辆车制动、缓解作用良好并向司机通报。CTC 区段车务无人站由机车司机负责简略试验时，应以记录的充排风时间为依据，根据列车实际充排风时间判断制动主管贯通，不能判断时应指派副司机到尾部车辆确认制动/缓解情况。④ 中间站发现充排风时间异常或列车制动系统漏泄超标时，报告车站值班员（列车调度员），司机配合做好试验；在 CTC 区段车务无人站由机车乘务人员检查处理并将处置情况报告列车调度员。

（3）发车前需进行车机联控的车站，按铁路局车机联控相关规定执行。

（4）夜间或昼间遇天气不良影响瞭望时，开启机车头灯及标志灯。

【知识链接】

1. CTC 系统

CTC 系统是调度中心对某一区段内的信号设备进行集中控制，对列车运行直接指挥、管理的技术装备。通过集中控制，提高行车调度的自动化程度，为铁路运输提供安全和效率的保证，从而充分运用线路的通过能力，提高劳动生产率和改善劳动条件。与传统的调度方法不同，它采用先进的计算机通信技术，通过计算机网络完成调度计划和调度命令的下达，由车站自律机按照调度计划进行自律执行，并由相应的外围设备采集铁路沿线的各种实时信息再传送到调度集中的中央服务器。

2. 简略试验

制动主管达到规定压力后，自阀减压 100 kPa 并保压 1 min，检查制动主管贯通状态，检车员、车站值班员或车站有关人员检查确认列车最后一辆车发生制动作用。司机检查制动主管漏泄量，不得超过 20 kPa/min。

二、发 车

起动列车前，必须二人及以上（单司机值乘区段除外）确认行车凭证、发车信号显示正确，准确呼唤应答，执行车机联控，鸣笛起动列车。

货物列车起动困难时，可适当压缩车钩，但不应超过总辆数的 2/3。压缩车钩后，在机车加载前，不得缓解机车制动。

（1）起动列车前，使用列尾装置再次检查尾部制动主管压力是否与机车制动主管压力基本一致。

（2）列车起动时，应检查制动机手柄是否在正常位置及各仪表的显示状态，做到起车稳、加速快、防止空转。

（3）内燃机车提手柄、电力机车进级时，应使柴油机转速及牵引电流稳定上升。当列车不能起动或起动过程中空转不能消除时，应迅速调整主手柄位置，重新起动列车。

（4）列车起动后，应进行后部瞭望确认列车起动正常。单司机单班值乘的不进行后部瞭望。

安全风险点

（1）在 CTC 区段的车务无人站，司机未按规定主动询问预计开车时间。

（2）列车制动主管贯通状态不良司机未发现。

（3）具备开车条件后才确认制动机手柄、换向手柄位置及各仪表显示状态。

（4）未按规定开启机车头灯及标志灯。

（5）站内遇非正常行车情形，未按规定操作 LKJ。

任务 4　途中运行

教学目标

1. 知识目标

根据乘务员一次标准作业要求，熟悉途中作业的基本要求。

2. 技能目标

能及时、准确地做好途中运行作业。

3. 素质目标

认识乘务员一次标准工作对铁路运输生产组织的重大意义；树立爱岗敬业、遵章守纪、认真负责及良好的团队合作精神。

任务实施

一、途中作业基本要求

（一）运行途中机车乘务员必须遵守的规定

（1）严格遵守每百吨列车质量换算闸瓦压力限制速度，列车限制速度，线路、桥隧、信号容许速度，机车车辆构造速度，道岔、曲线及各种临时限制速度，LKJ 速度控制模式设定的限制速度。判断超速的定责标准如下：

① 以与 LKJ 输出常用制动（或紧急制动）指令相一致的速度值作为列车超速定责的标准以及考核的依据。LKJ 卸载动作不考核。

② 机车车辆因走行部故障须限速运行时，以指定的临时限速值作为列车超速定责的标准以及考核的依据。

③ 通过减速地点标时，应按标明的速度运行（未标明时为 25 km/h）。

（2）运行中严格按信号显示要求行车，遇下列情形，严格控制运行速度。

① 四显示自动闭塞区段通过显示绿黄色灯光的信号机时，应按在前方第三架信号机前能停车的速度控制。

② 通过显示黄色灯光的信号机及位于定位的预告信号机时，应按在次一架信号机前能停车的速度控制。

③ 通过显示一个黄色闪光灯光和一个黄色灯光的信号机时，应按该信号机防护进路上道岔侧向的允许通过速度控制。

（3）司机根据本列车运行时刻，合理掌握运行速度，精心操纵确保列车安全正点，杜绝操纵不积极导致区间运行晚点。

（4）运行途中在操纵提示卡明确的地点，按规定及时转换机车信号上/下行开关位置。

（5）机车乘务员应在停车站出站后、区间停车再开车时、进入长大下坡道时、停车站进站前分别查询或核对列车尾部风压。

① 查询风压时，应使用 CIR 的“风压查询”键，不得使用“列尾确认”键，查询风压的间隔时间不少于 15 s。

② 运行中发现尾部风压不能同升同降，应立即停车、报告，查明原因妥善处理后方可继续运行。

列车运行中，遇列尾装置主机发出电池欠压报警、通信中断等异常情况时，司机应及时报告就近车站值班员或列车调度员，旅客列车还应通知车辆乘务员。

列车运行中，发现制动主管压力急剧下降、波动，风泵长时间泵风不止，列尾装置发出制动主管压力不正常报警等异常情况时，应立即停止向制动主管充风，解除机车牵引力，及时采取停车措施，报告车站值班员或列车调度员，查明原因并妥善处理后方可继续运行。

（二）运行途中坚守岗位的规定

（1）运行中严禁司机离开司机室（双班单司机除外，二位机车处理故障时除外）。

（2）停车状态下必须有人值守机车，不得远离机车。

（三）巡视检查项目的规定

电力机车检查项目：各辅助机组运转是否正常；各部件有无异音异状；有无放电和电气绝缘烧损的气味；主变压器油温、油位是否正常，牵引及辅助变流器工作状态、各保护继电器和指示灯、指示件有无异状或动作显示。

安全风险点

（1）超速运行。

（2）旅客列车、特快货物班列、军用列车操纵不积极导致列车运行晚点。

（3）运行中发现尾部风压不能同升同降，未按规定处置。

（4）未按规定时机查询或核对列车尾部风压。

（5）列车运行中遇列尾装置主机发出电池欠压报警、通信中断等异常情况时，未按规定处置。

二、途中作业

（1）牵引旅客列车在确保安全正点的同时，应做到运行平稳、停车准确。

① 起车时，全列起动后再加速。

② 进站停车时，应采取保压停车，按机车停车位置标一次稳、准停妥。

（2）列车运行中施行常用制动时，应遵守以下规定。

① 机车呈牵引状态，电力机车的牵引电流控制在 200 A 以下。停车制动，自阀减压时，列车产生制动作用并稳定降速（时间原则上应控制在 5 s 以上）后，再解除机车牵引力。特殊情况由铁路局规定。

② 自阀减压前，应单独缓解机车，使列车制动时机车呈缓解状态。

③ 制动时，追加减压量累计不应超过初次减压量。

（3）列车运行中应根据线路纵断面及限速要求，尽可能不中断机车牵引力。在起伏坡道区段或较小的下坡道运行时，应采用低手柄位或低转速的牵引，尽量避免惰力运行。

（4）列车在长大下坡道运行中，应采用空气、动力制动配合使用的操纵方法，做到：

① 列车进入下坡道时，投用动力制动，待列车继续增速的同时，再逐步增加制动电流。

② 当动力制动不能满足控制列车运行速度的要求时，采用空气制动调整列车运行速度。无动力制动或动力制动故障时的空气制动操纵办法，由铁路局制定。

③ 缓解列车制动时，应在缓解空气制动后，再逐步解除动力制动。

（5）在较平坦的线路上，列车起动后应强迫加速，达到运行时分所需速度时，适当调整机车牵引力，使列车以均衡速度运行。

（6）在起伏坡道上，应充分利用线路纵断面的有利地形，提早加速，以较高的速度通过坡顶。

（7）在长大上坡道上，应采用“先闯后爬，闯爬结合”的操纵方法。进入坡道前应提早增大机车牵引力，储备动能，进入坡道后应进行预防性撒砂，防止空转，并注意牵引电流不得超过持续电流。

【知识链接】

施行紧急制动及列车起非常的注意事项

（1）运行中遇非正常情况需立即停车时，司机应迅速解除机车牵引力、自阀置于紧急制动位，期间电力机车不得断开主断、降弓（弓网故障时除外）。运行中发现列车制动主管压力急剧下降（简称起非常）时，司机应立即解除机车牵引力、自阀置于制动区，停车后单阀全制位。

（2）司机应将列车运行中使用紧急制动阀及列车起非常的情况，及时报告车站值班员或列车调度员。

（3）运行中遇旅客列车起非常时，停车后司机联系车辆乘务员了解停车原因。车辆乘务员下车检查前、检查后均应通知司机，未接到车辆乘务员上车的通知及未按规定进行简略试验时不得开车。

三、途中运行的安全措施、应急处置

（一）运行中的安全注意事项

（1）机车司机在运行中必须严格执行“彻底瞭望、确认信号、准确呼唤、手比眼看”的“十六字令”，依照机车乘务员一次出乘作业标准、列车操纵示意图、列车操纵提示卡正确操纵列车，并规范执行确认呼唤（应答）和车机联控制度。

（2）严格遵守每百吨列车质量换算闸瓦压力限制速度，列车限制速度，线路、桥隧、信号容许速度，机车车辆最高运行速度，道岔、曲线及各种临时限制速度，以及 LKJ 速度控制模式设定的限制速度的规定。列车运行中，当列尾装置主机发生电池欠压报警、通信中断等异常情况时，司机应及时通知就近车站值班员或列车调度员，旅客列车应同时通知车辆乘务员。

（3）设有两端司机室的机车，司机必须在运行方向前端司机室操纵（调车作业推进运行时除外）。机车信号、转换开关置于正确位置。非操纵端与行车无关的各开关均应置于断开位并锁闭，取出制动机手柄或置于规定位置；列车无线调度通信设备和列尾装置司机控制盒置于关闭位。安装双套 LKJ 主机的机车，非操纵端 LKJ 应关闭。

（4）操纵机车时，未缓解机车制动不得加负荷（特殊情况除外）；运行中或未停稳前，严禁换向操纵。设有速度工况转换装置的机车，车未停稳，不准进行速度工况转换。

（5）不得超越机车限界进行作业，电气化区段严禁攀登机车、车辆顶部，途中停车检查时，身体不得侵入临线限界。

（6）电力机车乘务员需要登机车顶部检查弓网状态或处理故障时，应断开主断路器，降下受电弓，必须向车站值班员或列车调度员申请办理登顶作业，接到列车调度员发布接触网已停电允许登顶作业的调度命令并验电、接地后方准作业。

（7）严禁向机车外部抛撒火种，机械间严禁吸烟。

（8）施行紧急制动时，应迅速将自阀手柄推向紧急制动位，并立即解除机车牵引力，期间柴油机不得停机，电力机车不得断主断路器、降弓，动力制动应处在备用状态。列车未停稳，严禁移动自阀、单阀手柄（投入动力制动时，单阀除外）。无自动撒砂装置或自动撒砂装置失效时，停车前应适当撒砂。

（二）运行中应急处置

（1）列车在区间被迫停车后不能继续运行时，司机应立即使用列车无线调度通信设备通知两端站、列车调度员及运转车长（无运转车长时为车辆乘务员），报告停车原因和停车位置，根据需要迅速请求救援并按规定设置防护。机车故障后 10 min 内不能恢复运行时，司机应迅速请求救援。

（2）遇天气不良、机车牵引力不足等原因，列车在困难区段可能发生坡停或严重运缓时，司机应提前使用列车无线调度通信设备通知两端站或列车调度员。

（3）运行途中突发难以抵抗的身体急症，要立即报告列车调度员或车站值班员，不能维持驾驶操纵的要立即采取停车措施。

（4）旅客列车在区间发生故障需双管改单管供风时，司机应掌握安全速度（最高不超过 120 km/h）运行至前方站后进行，跨局旅客列车改为单管供风后，司机报告车站值班员转报列车调度员。因列车总风管压力漏泄不能维持运行，应立即停车，关闭机车后部折角塞门查找故障原因，属车辆原因应立即通知车辆乘务员处理。

（5）当发现列车失去空气制动力或制动力减弱危及行车安全时，紧急制动可以同步投入动力制动的机车，司机应立即使用紧急制动，并将动力制动投入达到最大值，在确认动力制动发挥作用后，使用单阀缓解制动缸压力至 150 kPa 以下（设有自动控制装置的机车可不进行单阀缓解操作）。有运转车长（车辆乘务人员）值乘的列车，司机迅速通知运转车长（车辆乘务人员），使用车辆紧急制动阀停车；装有列尾装置的列车，司机应采取列尾装置主机排风制动措施使列车停车，停车前适当撒砂。

（6）列车运行中，发现制动主管压力急剧下降、波动，空气压缩机不工作或长时间泵风不止，列尾装置发出制动主管压力不正常报警等异常情况时，应迅速停止向制动主管充风，解除机车牵引力，及时采取停车措施。

【知识链接】

区间运行机车巡视时机及注意事项

（1）始发（继乘）列车出站后以及乘务交路的最后 1 个区间，副司机均应现场巡视检查不少于 1 次，特殊的区段及乘务交路由机务段规定并纳入操纵提示卡。

（2）电力机型（含网重联机车组）时，每个区间可通过查看 6A 画面以及透过车门玻璃观察的方式巡查不少于 1 次，每 3～4 个区间现场巡视检查不少于 1 次。

（3）双班单司机轮流值乘时，间休司机应在每次换班前现场巡视检查不少于 1 次。

（4）通过查看 6A 画面以及透过车门玻璃观察的方式巡查后，应按压操纵端巡检键记录。现场巡视检查时间不应小于 1 min，双节机车按压操纵端巡检键，其他机车按《LKJ 操作使用手册》的规定按压巡检键作为记录，检查完毕后应向司机简要汇报机车状态，有异常时须详细说明故障处所或故障现象。

施工特定行车办法规定及 LKJ 操作

（1）遇有施工又必须接发列车的特殊情况时，可按以下施工特定行车办法办理：车站采用固定进路的办法接发列车。施工开始前，车站须将正线进路开通，并对进路上所有道岔按规定加锁。

（2）引导接车并正线通过时，准许列车司机凭特定引导手信号的显示，以不超过 60 km/h 速度进站。

（3）准许车站不向司机递交书面行车凭证和调度命令。但车站仍按规定办理行车手续，并使用列车无线调度通信设备（其语音记录装置须作用良好）将行车凭证号码（路票为电话记录号码、绿色许可证为编号）和调度命令号码通知司机，得到司机复诵正确后，方可显示通过手信号。列车凭通过手信号通过车站。

机务段机车调度员将已收到的某站特定手信号引导的运行揭示调度命令写入出勤机车乘务员 IC 卡中，机车乘务员插卡设定将 LKJ 临时数据文件载入 LKJ。在进站信号机或接车进路信号机前揭示提示窗口显示特定引导的内容揭示，列车运行速度低于 60 km/h，司机确认特定引导手信号显示正确后，按压【开车】键，5 s 内按压【解锁】键解除该信号机的停车控制。LKJ 监控列车以不超过 60 km/h 的速度越过进站信号机。

任务 5　调车作业

教学目标

1. 知识目标

熟悉《车站行车工作细则》（以下简称《站细》）及有关规定，熟记站内线路（包括专用线）、信号机以及各种标志等站场情况，严格执行《技规》调车工作有关规定。

2. 技能目标

能正确执行信号显示的要求和呼唤应答制度，完成调车作业

3. 素质目标

认识调车工作对铁路运输生产组织的重大意义；树立爱岗敬业、相互协作、遵章守纪的思想，培养安全第一、认真严肃的工作作风。

任务实施

一、调车作业要求

（一）调车现场的规定（依据《铁路机车操作规则》第 55 条，《机务行车安全管理规则》第 51 条制定）

（1）固定调车地点的机车乘务员要熟悉《站细》中有关调车工作的规定，熟记作业区域的线路（包括专用线）、信号机以及各种标志等站场情况。

（2）中间站利用本务机车调车时，机车乘务员除须掌握附有示意图的调车作业通知单的内容和注意事项外，还须掌握“操纵提示卡”对车站线路（包括专用线）、信号机以及各种标志等站场情况的安全提示。

（二）对调车机车的规定（依据《普速技规》第 280 条，《行规》第 48、62 条综合制定）

（1）调车工作要固定作业区域、线路使用、调车机车、人员、班次、交接班时间、交接班地点、工具数量及其存放地点。

（2）作固定替换用的调车机车及小运转机车，应符合调车机车的条件（有前后头灯、扶手把、防滑踏板等），不符合条件时，不得出段。

（3）进入驼峰调车场的机车，排障器距轨面高度不得小于 100 mm。

（4）利用本务机调车时，不准进行溜放作业。

（三）调车作业使用行车安全装备的规定（依据《普速技规》第 282 条，《高速技规》第 314 条，《行规》第 45、46 条，《行细》第 55 条，《站细》第 61 条综合制定）

（1）调车作业应使 LKJ 处于调车工作模式。

（2）使用 STP 设备的调车机车，不得擅自关闭 STP 设备；遇 STP 设备故障时，应立即报告车站（调车指挥人），转为调车基本模式。

（3）机车摘挂、转线等不进行车辆摘挂的作业，以及列车在到达线路内拉道口、直接后部摘车时可不使用无线调车灯显设备。

（4）采用无线调车灯显设备（简称灯显设备）进行调车时，应与调车组签字确认交接设备状态，并与 LKJ 配合使用（机车无灯显设备接口盒时除外），调车长试验灯显设备时，司机确认灯显信号与 LKJ 信号显示含义一致，不一致时报告调车长。

（5）配备录音笔的机班，司机应对调车作业全程录音。

（四）调车作业对列车尾部标志的规定（依据《行规》第 56 条制定）

在调车作业中，列车尾部标志可不摘除，视为无效。司机按调车作业计划和调车人员显示的信号进行作业。

【知识链接】

STP 设备

STP 系统是无线调车机车信号和监控系统，STP 是一种保证车站调车作业安全的重要行车安全设备。

无线调车机车信号和监控系统是计算机集成的控制系统，它通过与微机联锁系统或站场 DMIS/CTC 系统联网，对站场联锁等信息进行采集，可将站场对调车机车的调车机车信号、调车进路的开放、调车作业单、调车限制条件等信息通过无线信道传送到调车机车上，实现站场机车或车列的自动跟踪，实现调车信号、调车进路及作业单等在机车彩色显示器上的实时显示，并结合列车监控装置实现了对调车作业的自动安全防护控制和作业数据记录。无线调车机车信号和监控系统是通过与既有监控设备结合，实现多渠道信息共享，减少了重复设置设备，在系统控制时实现多重判别的故障安全控制系统。

二、调车作业

（1）调车作业中，彻底瞭望，确认信号，正确执行信号显示的要求和呼唤应答制度，没有信号不准动车，信号中断或不清立即停车。穿越正线调车作业时，必须执行车机联控制度。

连挂车辆时，严格按十、五、三车距离和信号要求控制速度，接近被连挂车辆时，速度不得超过 5 km/h。

按《站细》规定连接软管后，动车前应进行制动机简略试验。

单机连挂车辆时，应注意确认车辆停留和脱轨器位置，必须执行“一度停车”制度。

（2）当调车指挥人显示溜放信号时，司机应“强迫加速”满足作业要求；显示减速或停车信号时，应迅速解除机车牵引力，立即制动。

（3）认真执行驼峰调车作业的规定，连挂车列后试拉时，注意不得越过信号机或警冲标。推峰时要严格按信号的要求控制速度。

（4）电力机车调车时，机车距接触网终点标应有 10 m 的安全距离，防止进入无电区。

安全风险点

调车作业未确认信号是否正确，盲目动车。

未撤除防溜措施，盲目动车造成压铁鞋脱轨。

未确认车钩状态，盲目牵出，带动车辆溜逸。

尾部车辆无防溜措施，调车作业中“压钩”提钩后，造成作业股道另一端车辆溜逸。

【知识链接】

STP 设备

越出站界调车时，双线区间正方向，必须区间（自动闭塞区间为第一个闭塞分区）空闲；单线自动闭塞区间，闭塞系统必须在发车位置，第一个闭塞分区空闲，经车站值班员口头准许并通知司机后，方可出站调车。单线半自动闭塞区间和双线反方向出站调车时，须有停止使用基本闭塞法的调度命令，与邻站办理闭塞手续，并发给司机出站调车通知书。

一般 C 类事故“C9.未办或错办闭塞发出列车”。未按规定办理手续而越出站界调车时，亦按本项论。

驼峰调车作业

单推单溜驼峰调车作业

双推单溜驼峰调车作业

双推双溜驼峰调车作业

溜放调车法

推送调车法

任务 6　终点站与退勤作业

教学目标

1. 知识目标

能够掌握终点站作业退勤作业的有关规定，并能够处理终点站和退勤作业中的异常情况的处理要求。

2. 技能目标

能掌握按作业规定完成终点站和退勤作业。

3. 素质目标

认识司机工作对铁路运输生产组织的重大意义；培养学生爱护设备、工具及备品的习惯，树立严谨认真、相互协作、遵章守纪的思想，培养安全第一、认真严肃的工作作风。

任务实施

终点站与退勤

一、终点站作业

（1）到达终点站后，摘解机车前不得缓解列车制动。若地面无列车制动机试验设备或该设备临时发生故障时，司机应根据检车员的要求，试验列车制动机。牵引制动主管定压 600 kPa 的货物列车到达机车换挂站后，应对制动主管实施最大有效减压量（减压 170 kPa）。

（2）直供电列车到达后，应保持供电，接到车辆乘务员通知后方可停止供电，拔出供电钥匙，按规定与车辆乘务员办理交接。

（3）机车不能及时入段时，将机车移动至脱轨器外方、信号机前或警冲标内方。机车乘务员应及时检查轴温（装有轴温检测装置的除外）。LKJ 转入调车状态，按调车信号显示运行。

（4）机车到达站、段分界点处应停车，签字确认入段时分，了解段内走行径路。

（5）确认入段信号、股道号码信号、道岔开通信号、道岔表示器显示正确，厉行确认呼唤（应答），鸣笛动车入段，按规定速度控制运行。

（6）有运用干部添乘在列车终到前，司机应出示添乘指导簿，添乘运用干部填写本趟添乘指导意见。

【知识链接】

入段机车检查和整备

机务段应根据使用机型、乘务方式和段内技术作业时间，制定机车检查、给油、保洁等工作范围和标准。

（1）交班司机应将机车运用状态，记录在机车运行日志上，按规定做好防溜，与接车人员办理交接。

（2）轮乘制司机应向接车人员详细介绍机车运用状态、机车运行日志记录等情况，与有关人员办理燃油、耗电、工具备品以及机车行车安全装备的交接。

（3）检查机车时，发现故障处所及时处理或报修。

二、退勤作业

（1）退勤前，司机用IC卡转储LKJ运行记录文件，正确填写司机报单，对本次列车的安全正点情况进行分析并记录。

（2）退勤时，进行酒精测试，向退勤调度员汇报本次列车安全及运行情况，将运行中发生的非正常情况按规定填写至《机调-10》，对LKJ检索分析的问题及超劳、运缓等情况做出说明，交还列车时刻表、司机报单、司机手册、添乘指导簿后，办理退勤手续。

安全风险点

退勤机班未按规定关闭机车门窗、相关电源。

故意隐瞒、破坏LKJ文件。

运行中发生非正常情况，退勤时未按规定填写、传递相关书面资料。

【课后作业】

1. 试绘制司机一次标准作业流程图。
2. 机车整备有哪些工作内容？
3. 简述检查确认6A设备的规定。
4. 试述调车作业过程存在哪些安全风险点。
5. 试简要叙述途中作业的标准。
6. 试述施工特定行车办法规定及LKJ操作。

项目 6　非正常行车

【项目导学】

铁路行车安全工作是一切铁路运输工作的基础，行车人员应急处理能力是保证行车安全的前提条件。由于故障的发生都是随机的、突发的、不可预见的，对于现场经验不足的人员来讲，容易出现非正常情况，处置思路不清、处置方法不当，甚至发生因非正常情况应急处置不当而进一步扩大问题的情形发生。其中，行车设备的非正常情况是常见的一种，主要包括信号机临时故障作业、弓网故障作业、电话闭塞法行车时作业等。

【本项目学习思维导图】

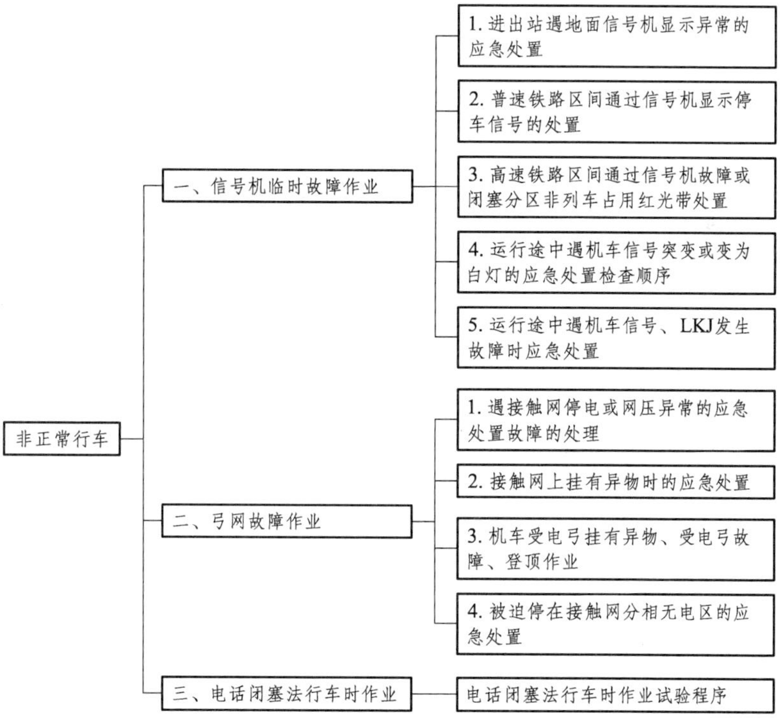

任务 1　信号机临时故障作业

任务引入

信号机临时故障作业。

请思考：在普速铁路中，遇进站信号机的灯光熄灭、显示不明或显示不正确时，司机该如何行车?

教学目标

1. 知识目标

根据信号机显示的不同颜色，确认行车条件，按照相关规定进行处置。

2. 技能目标

能够对进出站地面信号机显示异常、普速铁路区间通过信号机显示停车信号、高速铁路区间通过信号机故障或闭塞分区非列车占用红光带、运行途中机车信号突变或变为白灯、运行途中机车信号发生故障等情况进行应急处置。

3. 素质目标

认识铁路司机非正常行车能力对铁路运输生产组织的重大意义，树立爱岗敬业、遵章守纪的思想，培养学生具备工作认真负责和良好的团队合作精神。

任务实施

一、进出站遇地面信号机显示异常的应急处置

（1）在普速铁路，遇进站预告信号机或接近信号机的灯光熄灭、显示不明或显示不正确时，均视为进站信号机处于关闭状态。

（2）在普速铁路或高速铁路运行中，遇进站、出站、进路信号机的灯光熄灭、显示不明或显示不正确时，均视为停车信号，司机应立即停车、报告，常用制动不能保证在该信号机前停车时必须使用紧急制动。

二、普速铁路区间通过信号机显示停车信号的处置

遇通过信号机显示停车信号（包括显示不明或灯光熄灭）时，必须在该信号机前停车、报告，旅客列车还应通知车辆乘务员。

【知识链接】

遇通过信号机显示停车信号的处置方法

（1）停车等候 2 min（LKJ 启动走停走控车模式），该信号机仍未显示允许运行的信号时，即以遇到阻碍能随时停车的速度继续运行，最高不超过 20 km/h，运行到次一架通过信号机（进站信号机），按其显示的要求运行。在停车等候同时，必须与车站值

班员或列车调度员联系，如确认前方闭塞分区内有列车时，不得进入。

（2）装有连续式机车信号的列车，遇通过信号机灯光熄灭，而机车信号显示允许运行的信号时，应按机车信号的显示运行，并将故障信号机的号码通知前方站（列车调度员）。

（3）后续列车接到通过信号机灯光熄灭的通知时，在通过该架信号机时，应按机车信号的显示运行。

（4）遇自动闭塞区间通过信号机（轨道电路发码）故障，造成 LKJ 无法进入“走停走”模式、列车无法越过该信号机时，司机在得到车站值班员（列车调度员）允许越过该通过信号机的通知后，将 LKJ 转为调车工作模式，以不超过 20 km/h 速度越过该信号机退出 LKJ 调车模式后，列车继续运行按相关规定执行。

（5）货物列车在装有容许信号的通过信号机前不停车的规定：自动闭塞区段的通过信号机安装使用容许信号时，根据该区段使用的机车类型、线路坡道、牵引定数、分相位置等情况，由机务部经过计算或试验后公布货物列车在该信号机前不停车的牵引吨数，并纳入列车运行图技术资料（预留条款，目前现场尚未安装使用容许信号）。

三、高速铁路区间通过信号机故障或闭塞分区非列车占用红光带处置

（1）列车调度员（车站值班员）发现及得到区间通过信号机故障或非列车占用红光带的信息时，列车调度员（车站值班员）应立即通知区间内已进入故障地点及尚未经过故障地点的列车司机立即停车。

（2）设备故障修复，列车调度员根据设备管理单位的销记，通知有关列车司机恢复正常行车。

（3）区间通过信号机故障暂时无法修复，具备放行列车条件时，列车调度员（车站值班员）根据设备管理单位登记的行车限制条件组织行车。

【知识链接】

区间通过信号机故障暂时无法修复，具备放行列车条件时的组织行车方法

（1）列车调度员确认列车至前方站（线路所）间空闲后，通知列车司机故障闭塞分区起止里程及防护该闭塞分区的通过信号机号码，逐列恢复运行至前方站（线路所），指示后列恢复运行前必须确认前列已完整到达前方站（线路所）。

（2）列车恢复运行时，司机在该闭塞分区通过信号机（区间信号标志牌）前停车等候 2 min 后，以遇到障碍能随时停车的速度（最高不超过 20 km/h）越过该闭塞分区，按次一通过信号机显示运行，司机应加强瞭望。司机在停车等候同时，必须与列车调度员联系，如确认前方闭塞分区内有列车时，不得进入。区间空闲后，按站间组织行车。

四、运行途中遇机车信号突变或变为白灯的应急处置

（1）运行途中遇机车信号突变时，应按照《LKJ 操作使用手册》中“信号突变”的相关规定进行处置。

（2）机车信号信息为灭灯、多灯时，LKJ 按运行前方信号机关闭监控列车运行，司机操控列车不得越过该信号机。

（3）运行途中遇机车信号变为白灯时，应按照《LKJ 操作使用手册》中“机车信号信息变为白灯”的相关规定进行处置。

五、运行途中遇机车信号、LKJ 发生故障时的应急处置

（1）在自动站间闭塞或半自动闭塞区间运行，遇机车信号、LKJ 发生故障，司机可不停车但应按规定报告，继续运行至进站信号机外方，在确认进站信号机开放后，以不超过 20 km/h 的速度进入站内停车（仅机车信号故障时，须按压 LKJ 解锁键）。

（2）在自动闭塞区间运行遇机车信号故障时，应立即停车报告。

【知识链接】

自动闭塞区间运行遇机车信号故障时，应立即停车报告。

（1）设置 LKJ 进入 20 km/h 限速模式，2 min 后 LKJ 限速开口 21 km/h，LKJ 不再按照机车信号信息监控列车运行，区间内司机严格按照地面信号显示行车。

（2）运行至进站信号机外方，确认地面进站信号机开放后，控制列车以不超过 20 km/h 的速度进入站内停车；电力机车无法满足过分相速度要求时，应选择适当地点停车请求救援；站内无法修复时，请求更换机车或调整前后机车位置。

（3）如区间运行遇机车信号机恢复正常时，继续以不超过 20 km/h 的速度运行至前方车站停车，按规定报告后，将 LKJ 转出 20 km/h 限速模式，重新设定后开车。

（4）在站内不允许进入 20 km/h 限速模式。

在自动闭塞区间运行遇 LKJ 故障时，司机应立即停车报告。

（1）拨打电务专业人员电话，在其指导下进行处理；无法修复时，得到准许后关闭 LKJ，严格按照地面信号显示行车，控制列车以不超过 20 km/h 的速度运行至前方站停车。

（2）下坡方向无法满足制动周期、上坡方向不能满足通过分相安全入口速度时，应选择适当地点停车请求救援。

（3）站内无法修复时，请求更换机车或调整前后机车位置。

任务 2　弓网故障作业

任务引入

随着我国对既有线路进行提速,电气化铁路弓网故障的问题日益突显。在遇到弓网故障时，司机如何能够正确有效的处理，是本任务学习的重点。

请思考：铁路机车运行中遇接触网挂异物司机该如何处置?

任务描述

本任务学习遇接触网停电或网压异常、接触网上挂有异物、机车受电弓挂有异物、受电弓故障的处置方法。

教学目标

1. 知识目标

能够正确判别接触网停电或网压异常、掌握弓网故障的处理流程及安全注意事项。

2. 技能目标

能正确处置接触网停电或网压异常、接触网上挂有异物、机车受电弓挂有异物、受电弓故障，能够严格按照作业要求登顶作业。

3. 素质目标

认识弓网故障应急处理作业对铁路运输生产组织的重大意义，树立爱岗敬业、相互协作、遵章守纪的思想，培养安全第一、认真严肃的工作作风。

任务实施

一、遇接触网停电或网压异常的应急处置

铁路接触网标称电压值为 25 kV，最高工作电压为 27.5 kV，短时 5 min 最高工作电压为 29 kV，最低工作电压普速铁路为 19 kV、高速铁路为 20 kV。运行中遇接触网临时停电或网压异常时的处理流程：

（1）运行中遇接触网临时停电或网压异常时，电力机车及其牵引的列车司机应立即采取常用制动、断开主断，同时组织本班人员配合确认接触网状态（防止倒杆、塌网、接触网断线等）、受电弓状态（是否自动降弓、倒弓、车顶设备异常等）、网压。

① 如网压恢复正常且接触网、受电弓无异常时，闭合主断继续运行。

② 如发现接触网、受电弓异常或网压仍未恢复正常，立即降弓、停车、报告，旅客列车还应通知列车长和车辆乘务员；再次升弓前要通过车顶绝缘检测装置或网压表感应电压值确认车顶绝缘状态。

（2）停车状态下遇接触网临时停电或网压异常时，电力机车及其牵引的列车司机应立即降弓、断电、报告。因接触网停电被迫在区间停留的列车，按本标准“区间被迫停车后的防溜办法”的规定执行。

【知识链接】

在车站遇接触网停电的防溜办法

（1）高速铁路车站，遇风速达到 17.2 m/s 及以上且接触网停电时，司机应立即通知车辆乘务员组织列车乘务人员拧紧列车全列人力制动机，并负责机车的防溜措施。采取防溜措施前，司机应通知车站值班员（车务应急值守人员）；撤除防溜措施后，司机通知车辆乘务员确认防溜措施均已撤除，方可向车站值班员（车务应急值守人员）报告。

（2）普速铁路车站，遇临时停电超过 120 min 时，机车防溜措施的施撤由机车乘务员负责。接到风速达到 17.2 m/s（或瞬时风速达 24 m/s）及以上的调度命令时，在 CTC 区段的车务无人站，货物列车除在车列前后两端设置铁鞋外，还须按照《行规》“风区车站停留车辆拧紧人力制动机数量一览表”的规定，拧紧不少于规定数量的手制动机。

注意事项

接触网停电排查故障电力机车的注意事项

（1）电力机车司机应认真执行车站值班员或列车调度员的升弓、降弓通知。发现机车车顶绝缘状态不良时，应按规定报告，故障未排除前，不得升弓。

（2）未得到升弓通知，不得升弓。接到升弓通知时，应升原受电弓，不得换弓。

（3）接到本机车受电弓故障的通知时，不得再升故障弓。

二、接触网上挂有异物时的应急处置

（1）发现本线接触网上搭挂异物时，司机须根据异物情况判断对行车的影响，视具体情况分别采取正常行车方式通过、降弓惰行、停车措施，并按规定报告处置情况。

① 司机确认搭挂异物不影响行车时，按正常行车方式通过。

② 司机确认挂搭异物可降弓通过时，司机应在异物前降弓惰行通过该地点并通知重联机车立即降弓。后续列车司机接到降弓通过该地点的调度命令后，应在指定地段注意观察接触网设备状态，越过该地段后及时报告运行情况。

③ 司机确认挂搭异物情况降弓也不能通过时，应立即降弓、停车、报告。

（2）发现邻线接触网上搭挂异物时，司机须立即报告，并根据异物情况说明对邻线行车的影响（能降弓通过、不能降弓通过、不能确定异物是否影响邻线行车）。

该线尚未经过该地点的首趟列车司机，接到“注意运行”或“××地段限速 80 km/h 注意运行”的口头指示时，在指定地点注意观察接触网设备状态，并按照本条第 1 款规定执行，越过该地段后及时报告运行情况。

（3）发现接触网零部件、电联线等各类引线脱落或接触网倒杆等影响行车安全的情形时，司机应立即断电、降弓、停车，报告停车地点和停车原因。遇接触网断线搭挂在机车上且未得到接触网停电命令前，机车乘务员不得离开司机室、严禁下车。司机接到接触网停电命令后，下车目视检查受电弓和停车地点接触网状态，并按规定报告现场情况。

注意事项

因动能闯坡等原因，无法降弓通过搭挂异物地点时，请求救援并说明现场情况。

三、机车受电弓挂有异物、受电弓故障、登顶作业

登顶作业

（1）司机发现或接到受电弓挂有异物通知，以及遇受电弓被刮碰时，应立即断电、降弓、停车，报告停车地点和停车原因，下车目视检查弓网情况。

（2）检查确认换弓可安全运行时，司机按规定报告后，换弓运行（隔离降下的受电弓、绝缘检测正常）至指定车站停车处理。

（3）检查确认无法继续运行必须登顶处理时，司机按规定报告并提出登顶申请，在区间时还应按规定做好防溜、防护。

① 机车乘务员必须互相配合积极处理，严禁盲目等靠。

② 遇受电弓损坏严重机车乘务员无法处置时，司机应及时向车站值班员或列车调度员提出安排人员配合处理的要求并说明原因；在配合人员未达到前，继续做好力所能及的相关工作。

（4）司机接到“接触网已停电准许登顶作业”的调度命令后，机班共同核对确认停电命令，按以下规定验电、接地，确认接触网停电后方准登顶作业。

① 机车绝缘检测装置正常、具备升弓条件且机车网压表正常的情况下，可使用升弓验电的方法并确认网压表显示。不具备升弓验电条件时，须使用验电器验电。未确认停电，严禁挂设接地线。

② 使用验电器验电以及挂撤接地线必须执行一人操作、一人防护（可在司机室侧窗探身监护）的原则。操作人员须穿戴好绝缘手套、绝缘靴、安全帽；防护人员发现操作人员作业程序不符合规定、有危险动作时，立即大声提示或“喊停”。

③ 机车（组）的两端应分别挂设接地线。挂接地线必须按照“先与钢轨可靠连接、再与接触网线连接”的程序进行。

④ 接地靴必须安装在远离邻线一侧的钢轨上，且不应跨接在钢轨绝缘两侧。使用钢丝刷对接地靴内侧和钢轨头进行清理，确保钢轨和接地靴可靠、有效接触。使用扳手将接地线的一端牢固安装在接地靴上，再将接地靴可靠安装钢轨上。

⑤ 组装接地杆，使用扳手将接地线的另一端与接地杆可靠地连接在一起。组装（拆解）接地杆时应平放于地面，不得跨放在线路上。举杆挂、撤线时严禁身体与接地线相接触。

⑥ 挂杆后应来回移动接地杆，确保接地杆与接触网线可靠连接。挂设完毕，使用绳索将接地杆尾部与钢轨捆绑在一起，防止接地杆随风摆动侵入邻线。

⑦ 未挂设好接地线，严禁攀登机车顶部。

（5）登顶作业由司机负责及指挥，有关人员须服从司机指挥。

【知识链接】

登顶作业要求

（1）登顶人员须穿戴好安全带（绳）、安全帽，按照不同车型的操作步骤打开车顶门。

（2）登上车顶必须选取牢固可靠的挂接点挂设安全带（绳），严禁将挂钩挂至风管、软连线或机车天线等不牢固部位。

（3）对受电弓异物、车顶设备故障情况拍照取证。

（4）车顶作业时应站稳抓牢，不得站在车顶边缘处理故障。工具和材料必须递交，不得盲目抛扔。

（6）受电弓检查及处理。

① 如受电弓挂有异物时，清除异物。异物无法取下时，可将异物缠绕在受电弓上并进行捆绑防止异物飘起，换弓运行（隔离降下的受电弓、绝缘检测正常）至指定车站停车处理。

② 检查发现受电弓滑板及托架有损伤或接触网有异状时，立即报告。

③ 故障受电弓能正常落弓时（指能够保持正常折叠状态），可不拆卸。如受电弓变形、翻转、破损严重时，拆除受电弓破损部件并绑扎牢固，使其不能上下、左右移动。对破损严重无法牢固捆绑的部件应拆下放置在司机室内。

④ 如机车受电弓（含车顶其他设备故障）经处理也无法恢复牵引能力时，司机及时报告故障情况并请求救援，继续处理故障至满足运行安全的要求。

⑤ 故障处理完毕，司机须确认满足以下运行安全要求后方可继续运行（含救援）：确认机车顶部设备与接触网安全距离不得少于 350 mm、确认故障部件捆绑牢固，无晃动松脱现象。途中需由普速铁路向高速铁路运行时（接触网高度由高变低），司机还须确认机车顶部设备与普速铁路接触网之间的安全距离不得少于 1 350 mm，不能保证时，须拆除超限部件。

⑥ 清理车顶，确认无遗留物，锁闭车顶门。隔离故障受电弓、绝缘检测正常。

（7）撤除接地线时，必须按照“先从接触网上取下接地杆、再拆除接地靴”的顺序逐一撤除接地线。接地线撤除后，将工具材料、防护用品、安全器具归位，并逐一清点，确保无遗漏缺失。

（8）司机报告故障处理完毕的时间，如需限速运行时，司机还应说明具体原因。

（9）接触网送电后要通过车顶绝缘检测装置或网压表感应电压值确认车顶绝缘状态，正常后方可升弓。按本标准“站内进行列车制动机试验的规定”和“在坡道上进行简略试验、贯通试验的方法”进行列车制动机简略试验，按本标准“区间被迫停车后的防溜办法及安全注意事项”撤除列车防溜，按规定开车。

四、被迫停在接触网分相无电区的应急处置

（1）电力机车及其牵引的列车被迫停在接触网分相区时，司机要立即断电、降弓、停车，报告停车原因、停车位置（说明详细的接触网杆号）。

（2）具备采用换弓自救条件时，司机应准确报告电力机车类型、停车位置，得到

准许后换弓运行、驶出无电区。

（3）不具备换弓自救条件，但停车位置处于坡道，司机应报告总风缸余风值、列车总重、坡道值，根据现场实际提出惰力前行或惰力退行驶出无电区的自救建议，得到准许后方可执行。

① 列车运行方向为下坡道时，司机应使用单阀制动抑制列车增速，机车驶出无电区后，立即升弓、泵风继续运行。

② 列车运行方向为上坡道，需惰力退行时（须提前说明退行的距离），安排胜任人员负责尾部瞭望，司机使用单阀制动抑制列车增速、使用自阀控速不超过15km/h，机车驶出无电区后，立即升弓、泵风、投入动力制动，继续退行至满足起动加速距离的地点停车，恢复正常运行。

③ 双管供风的旅客列车，惰力运行前须通知列车长关闭车厢厕所。

④ 在不满足升弓、泵风的前提下，使用自阀调速后，不得再缓解列车制动。

（4）不具备上述自救条件时，司机主动询问是否能够向中性区远动送电：

① 具备向中性区远动送电时，停在该分相的列车司机接到升弓通知后，升弓驶出分相区后停车，恢复原供电方式后按通知继续运行。

② 不具备向中性区远动送电时，司机组织相关人员按规定防护、防溜，等待救援。

【知识链接】

高速铁路运行途中遇机车自动降弓的处置规定

（1）列车在运行途中因不明原因降弓，司机应立即断开主断、停车，同时查看降弓地点公里标并报告、申请下车检查。

① 接到邻线列车限速160 km/h及以下调度命令已发布的口头指示后，下车检查。需登顶检查、处置受电弓时，按“登顶处理机车受电弓的作业规定”办理。

② 经检查处理，列车能够恢复运行时，司机应及时报告。

（2）本线尚未经过该地点的列车司机接到限速80 km/h注意运行的通知时，应在通知的地点注意观察接触网设备状态，发现影响行车异常情况时应立即停车、报告；无异常时，司机在通过限速地点后立即向列车调度员报告

任务 3　电话闭塞法行车时作业

任务引入

当基本闭塞法不能使用时，电话闭塞法实施可以确保地铁信号系统出现故障时地铁行业安全,有序组织运营,降低设备故障，确保列车运行安全。

> 案例：
>
> 2012 年 5 月 31 日 8 点 01 分，西安地铁 2 号线市图书馆、北大街连锁区间信号故障，致列车大面积晚点近 40 分钟，初步分析故障的原因为信号系统电源运行不稳定所致，故障发生后，运营分公司立即启动了应急预案调度，按照行车规则，为保证行车安全，迅速命令权限，各站和各车司机采用降级模式的电话闭塞方式，组织行车。

？请思考：使用电话闭塞法行车时，列车占用区间的行车凭证是什么?

任务描述

停止基本闭塞法，采用电话闭塞法行车。

教学目标

1. 知识目标

掌握电话闭塞法的含义及路票的使用要求。

2. 技能目标

能够正确判别电话闭塞法的使用时机，并能够按照电话闭塞法的要求行车，熟知电话闭塞法的办理程序。

3. 素质目标

认识电话闭塞法行车对铁路运输生产组织的重大意义，树立爱岗敬业、遵章守纪的思想，培养学生具备工作认真负责，具有高度责任感和良好的团队合作精神。

任务实施

电话闭塞是当基本闭塞设备不能使用时，由区间两端站的车站值班员利用站间行车电话以发出电话记录号码的方式办理闭塞的一种办法。

当基本闭塞法不能使用时，应根据列车调度员的命令采用电话闭塞法行车。遇列车调度电话不通时，闭塞法的变更或恢复，应由该区间两端站的车站值班员确认区间空闲后，直接以电话记录办理。列车调度电话恢复正常后，两端站车站值班员应及时向列车调度员报告。

【知识链接】

电话闭塞

电话闭塞法行车的情况

遇下列情况，应停止使用基本闭塞法，改用电话闭塞法行车：

（1）基本闭塞设备发生故障导致基本闭塞法不能使用、自动闭塞区间内两架及以上通过信号机故障或灯光熄灭时。

（2）无双向闭塞设备的双线区间反方向发车或改按单线行车时。

（3）发出由区间返回的列车，或发出挂有由区间返回后部补机的列车时。

（4）自动站间闭塞、半自动闭塞区间，由未设出站信号机的线路上发车，或超长列车头部越过出站信号机并压上出站方面轨道电路发车时。

（5）在夜间或遇降雾、暴风雨雪，为消除线路故障或执行特殊任务，开行轻型车辆时。

自动站间闭塞设备故障，半自动闭塞设备良好时，可根据调度命令改按半自动闭塞法行车。

一、电话闭塞法的行车凭证

使用电话闭塞法行车时，列车占用区间的行车凭证为路票（见图 6-1）。当挂有由区间返回的后部补机时，另发给补机司机路票副页。

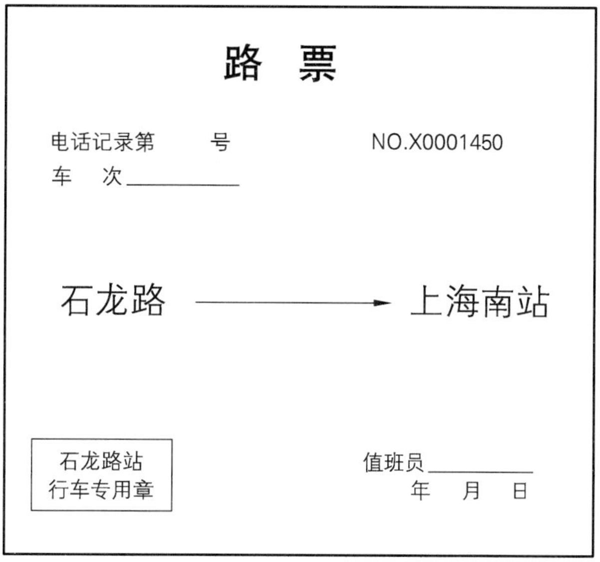

图 6-1　路票

注：1.路票为预先印好区间（即站名）和编号的硬卡片。

2.加盖㊞字戳记者，为路票副页。

单线或双线反方向发车（正方向首列发车）时，根据“行车日志”查明区间已空闲，并取得接车站承认的电话记录号码，在发车进路准备妥当后，方可填发路票。双线正方向发车（首列除外）时，根据收到的前次发出的列车到达的电话记录号码，在发车进路准备妥当后，即可填发路票。

注意事项

行车凭证：路票。

发车凭证：车站行车有关人员显示的发车手信号。

电话闭塞不论单线或双线，均按站间区间办。

二、路票的填写及使用

（一）路票的填写

路票为预先印好区间（即站名）和编号的硬卡。路票是使用电话闭塞法行车时列车占用区间的凭证。路票填写的正确与否，关系到列车是否能够安全运行。为了防止错填路票，原则上应由车站值班员亲自填写。因车站值班员作业繁忙或值班员室距离过远等原因不能亲自填写时，可由《站细》指定的助理值班员填写，但应经车站值班员审核方可交付使用（可使用电话复诵核对，具体由《站细》规定）。

对于填写的路票，车站值班员应根据《行车日志》的记录，进行认真核对，内容齐全，字迹清楚，不得涂改。当填写错误时，应在路票上划“×”注销，重新填写。确认无误，并加盖站名印后，方可送交司机。

（二）路票的使用

使用路票必须选准使用的区间，正确填写电话记录号码、车次并加盖站名印。为防止双线反方向、两线或多线区间电话闭塞法行车时，错误办理列车方向，双线反方向行车时，应在路票上加盖“反方向行车”章，两线、多线区间使用路票时，应在路票上加盖“××线行车”章。

对由区间返回的列车，路票应填写往返车次。其路票填写样张如图 6-2 所示。当发出挂有需由区间返回的后部补机的列车应填路票一式两份（仅编号顺序不同），发给补机的路票右上角须加盖副字戳记作为副页，是补机司机返回原发站的行车凭证。

三、电话闭塞的办理程序

由于此种闭塞方法全由人工控制，所以两站间的闭塞手续，必须严格根据《行车日志》等，查明区间确实空闲后，方可办理。

办理电话闭塞时，下列各项应发出电话记录号码，并记入《行车日志》。

（1）承认闭塞。

（2）列车到达，补机返回。

（3）取消闭塞。

（4）单线或双线反方向越出站界调车。

【知识链接】

电话记录是采用电话闭塞法行车时，区间两端站办理行车闭塞事项的文字记载。车站在发出电话记录时还要按先后次序编以电话记录号码，以明确具体办理事项和责任。电话记录应及时登记在《行车日志》内，以防遗漏。电话记录号码由每日 0 时起至 24

时止按日循环编号，编号方法采用顺序编号或密码式编号，由铁路局自行规定，但在同一区间，同一方向一日内不得重复使用同一号码。

【课后作业】

1. 使用电话闭塞法行车时，列车占用区间的行车凭证是什么?

2. 使用电话闭塞法行车时，发车凭证是什么?

3. 办理电话闭塞时，哪些情况下应发出电话记录号码，并记入《行车日志》?

4. 出现哪些情况时，应停止使用基本闭塞法，改用电话闭塞法行车?

5. 区间通过信号机故障暂时无法修复，具备放行列车条件时的组织行车方法有哪些?

6. 货物列车在装有容许信号的通过信号机前不停车的规定有哪些?

7. 区间通过信号机故障暂时无法修复，具备放行列车条件时的组织行车方法有哪些?

8. 自动闭塞区间运行遇机车信号故障时，该如何处置?

9. 在自动闭塞区间运行遇 LKJ 故障时，该如何处置?

参考文献

[1] 铁道部. 铁路机车操作规则[M]. 北京：中国铁道出版社，2013.

[2] 北京铁路局. HXD$_3$C 型电力机车原理与操作[M]. 北京：中国铁道出版社，2015.

[3] 杨志刚. LKJ-2000 型列车运行监控记录装置[M]. 北京：中国铁道出版社，2015.

[4] 罗利锦，孙世峰. 电力机车制动机系统[M]. 北京：北京交通大学出版社，2017.

[5] 莫坚. 电力机车检修[M]. 北京：中国铁道出版社，2008.

[6] 吴明华，宫士乡. 电力机车规章与运用[M]. 北京：中国铁道出版社，2014.

[7] 陆超，曾伯荣. 电力机车运用与规章[M]. 成都：西南交通大学出版社，2015.